Wirtschaft und Weiterbildung
Band 13

Innovation durch Lernortkooperation

Stand und Perspektiven der Zusammenarbeit
von Ausbildungsbetrieben und Berufsschulen
im dualen System der Berufsausbildung
am Beispiel Bayern

Berufliche Fortbildungszentren der Bayerischen Arbeitgeberverbände e. V.

Die Deutsche Bibliothek – CIP-Einheitsaufnahme

Döring, Ottmar:
Innovation durch Lernortkooperation: Stand und Perspektiven der Zusammenarbeit von Ausbildungsbetrieben und Berufsschulen im dualen System der Berufsausbildung am Beispiel Bayern /
[Autoren: Ottmar Döring ; Thomas Stahl].
Berufliche Fortbildungszentren der Bayerischen Arbeitgeberverbände e. V.
[Hrsg. Herbert Loebe ; Eckart Severing].
– Bielefeld : Bertelsmann, 1998
 (Wirtschaft und Weiterbildung ; Bd. 13)
ISBN 3-7639-0103-5

Wirtschaft und Weiterbildung
Schriftenreihe der Beruflichen Fortbildungszentren der Bayerischen
Arbeitgeberverbände e. V. (bfz)

• Band 13	Innovation durch Lernortkooperation
	Stand und Perspektiven der Zusammenarbeit von Ausbildungsbetrieben
	und Berufsschulen im dualen System der Berufsausbildung
	am Beispiel Bayern
• Autoren	Ottmar Döring
	Thomas Stahl
• Herausgeber	Herbert Loebe
	Eckart Severing
• Förderung	Dieser Band wurde vom Bundesinstitut für Berufsbildung
	aus Mitteln des Bundesministeriums für Bildung,
	Wissenschaft, Forschung und Technologie gefördert.
• Verlag	© W. Bertelsmann Verlag GmbH & Co. KG, Bielefeld, 1998
• Gesamtherstellung	W. Bertelsmann Verlag, Bielefeld

Das Werk einschließlich aller seiner Teile ist urheberrechtlich geschützt.
Jede Verwendung außerhalb der engen Grenzen des Urheberrechtsgesetzes
ist ohne Zustimmung des Verlages unzulässig und strafbar.
Dies gilt insbesondere für Vervielfältigungen, Übersetzungen, Mikroverfilmungen
und die Einspeicherung und Verarbeitung in elektronischen Systemen.

Printed in Germany

ISBN 3-7639-0103-5
Bestell-Nr. 60.01.252

Inhalt

Vorworte		5
1	**Einleitung**	11
2	**Zur Modernisierungsdebatte um die Berufsausbildung in Deutschland**	13
2.1	Ausgangslage	13
2.2	Auflösung des bisher gültigen Berufsprinzips oder Festhalten an der Berufsorientierung beruflicher Bildung?	14
2.3	Verschulung der Berufsausbildung oder arbeitsorientiertes Lernen?	17
2.4	Rückgang der Ausbildungsplätze oder steigende Nachfrage?	18
2.5	Unterforderung oder Überforderung?	19
3	**Lernortkooperationen als Mittel zur Reformierung des dualen Systems**	21
4	**Kooperationsbeziehungen in der beruflichen Erstausbildung in Bayern**	29
4.1	Zielsetzungen und Umrisse der Umfragen	29
4.2	Sichtweisen der Ausbildungsbetriebe	30
	4.2.1 Strukturdaten der befragten Betriebe	30
	4.2.2 Stand der Kooperationsbeziehungen	34
	4.2.3 Probleme bei Kooperationen	41
	4.2.4 Zukunft der Kooperationen	45
	4.2.5 Vorschläge zur Umgestaltung des dualen Systems	50
4.3	Sichtweisen der Berufsschulen	56
	4.3.1 Strukturdaten der Berufsschulen	56
	4.3.2 Kooperationsbeziehungen im Schuljahr 1995/96	56
	4.3.3 Probleme bei Kooperationen	61
	4.3.4 Zukunft der Kooperationen	68
	4.3.5 Vorschläge zur Umgestaltung des dualen Systems	76

4.4 Vergleich von Stand und Perspektiven der Kooperationsaktivitäten
    von Berufsschulen und Ausbildungsbetrieben in Bayern 79
    4.4.1 Stand der Kooperationsbeziehungen 79
    4.4.2 Probleme bei Kooperationen 85
    4.4.3 Zukunft der Kooperationen 89
    4.4.4 Vorschläge zur Umgestaltung des dualen Systems 95

**5 Fazit: Modellversuch kobas –
   Innovationen durch Kooperationen** 97

Anmerkungen 109

Literatur 119

Abbildungsverzeichnis 131

Die Autoren 133

Vorwort

Die Qualifikation der Erwerbstätigen ist für den Wirtschaftsstandort Deutschland eine zentrale strategische Größe. Es herrscht weitgehender Konsens, daß der hohe Standard der dualen Berufsausbildung zur Entwicklung dieses Standortfaktors wesentlich beigetragen hat und so die Wettbewerbsfähigkeit der Betriebe einerseits und der Beschäftigten andererseits befördert hat. Der „Export" des Systems in andere europäische und außereuropäische Länder erscheint wie die praktische Bestätigung der wirtschafts- und sozialpolitischen Effizienz des dualen Berufsbildungsmodells.

Gleichzeitig mehren sich jedoch im nationalen Rahmen kritische Bewertungen der Eignung des Modells für die Bewältigung *zukünftiger* Anforderungen. Globalisierung und Strukturwandel haben das duale Ausbildungssystem vor neue qualitative und quantitative Herausforderungen gestellt, die mit Traditionspflege nicht mehr zu bewältigen sind. Auf dem Prüfstand steht die Innovationsfähigkeit des Systems genauso wie seine Anpassungsfähigkeit an wirtschaftliche Veränderungen und seine Attraktivität für die Jugendlichen. Dabei kann es bei der Entwicklung von Modernisierungsstrategien nicht darum gehen, die bewährten Elemente des Ausbildungssystems aufgrund kurzfristiger Kalküle zurückzunehmen und den Standard zurückzufahren, um den uns viele beneiden. Trotzdem kommen wir nicht umhin, einige Punkte kritisch zu durchleuchten – kritisch, weil Kritik am Anfang jeder Verbesserung steht.

Zweifellos brauchen wir mehr Flexibilität im Ausbildungssystem. Das gilt nicht nur im Hinblick auf die Betriebe. Mehr Flexibilität bedeutet auch mehr Differenzierungsmöglichkeiten, mehr Möglichkeiten, allen Jugendlichen ein Angebot zu machen. Es wird zu prüfen sein, inwiefern zum Beispiel Ansätze zur Modularisierung von Ausbildungsstrukturen, Modelle zur stärkeren Integration von Aus- und Weiterbildungsprozessen oder die Entwicklung effizienterer Formen der Verzahnung von Theorie und Praxis hier zielführend sein können.

Der letztgenannten Innovationsstrategie widmet sich der Modellversuch kobas „Verbesserung der Kooperation zwischen Ausbildungsbetrieben und Berufsschulen im dualen System der Berufsausbildung". Er geht davon aus, daß systemimmanent Flexibilisierungseffekte zu erzielen sind, wenn die Aufgabenverteilung zwischen den Lernorten im dualen System offener ausgelegt wird. Der Modellversuch initiiert und unterstützt Kooperationsbeziehungen von Berufsschulen und Betrieben. Durch den Aufbau institutionalisierter Strukturen der Zusammenarbeit trägt er zu ihrer Systematisierung und Verstetigung bei. Die vorliegende Untersuchung bestätigt den Vorzug dieses spezifischen Kooperationsmodells: Die am Modellversuch beteiligten Ausbilder und Lehrer sind an einer Systematisierung und Verstetigung ihrer Beziehungen interessiert, weil sie so flexibel auf wechselnde Bedarfe reagieren können. Insofern stehen die Chancen gut, daß der vom Modellversuch kobas gewählte, auf das Problembewußtsein und das Engagement der Beteiligten setzende Bottom-up-Ansatz über das Modell hinaus viele Nachahmer in Bayern finden wird.

Herbert Loebe
(Geschäftsführer der Beruflichen Fortbildungszentren der Bayerischen Arbeitgeberverbände e. V.)

Vorwort

Die Kooperation der Lernorte im dualen System der beruflichen Bildung – insbesondere zwischen den Partnern Betrieb und Berufsschule – ist in den vergangenen Jahren zu einem herausragenden Thema in Berufsbildungspolitik und -wissenschaft geworden. Lernortkooperation steht dabei in einem Kontext zur Debatte um den Reformbedarf in der beruflichen Ausbildung. Wenn das duale System der Ausbildung in Betrieb und Berufsschule seine bisher allgemein akzeptierte Leistungsfähigkeit auch zukünftig erhalten soll, muß es den sich rapide verändernden wirtschaftlichen, technischen und gesellschaftlichen Veränderungen Rechnung tragen. Der Verbesserung der Lernortkooperation kommt bei den Überlegungen zum Reformbedarf in der beruflichen Bildung eine erhebliche Bedeutung zu.

Lernortkooperation ist jedoch kein neues Thema. Seit es das duale System der beruflichen Bildung gibt, ist immer wieder auf die Notwendigkeit zur Zusammenarbeit von Betrieb und Berufsschule hingewiesen worden. Begründungen für eine Zusammenarbeit setzen dabei an dem vorgegebenen gemeinsamen Ausbildungsziel an. Unter den sich verändernden Rahmenbedingungen für die berufliche Bildung erhält das Thema „Lernortkooperation" aber eine strukturell neue Bedeutung. Das Konzept der Vermittlung einer umfassenden beruflichen Handlungskompetenz, welches in den neugeordneten Ausbildungsberufen seinen Niederschlag gefunden hat, erfordert den Einsatz neuer, ganzheitlicher und handlungsorientierter Unterrichts- und Ausbildungskonzepte. Die Ausbildungsziele können nur dann erreicht werden, wenn ein für den Auszubildenden nachvollziehbarer Zusammenhang zwischen Theorie und Praxis realisiert wird und die Lernprozesse an allen Lernorten sinnvoll aufeinander bezogen werden. Hieraus folgt ein erhöhter Bedarf an gegenseitiger Information zwischen Betrieb und Berufsschule, an Abstimmung von Vorgehensweisen und an gemeinsamen Aktivitäten.

Bisher durchgeführte Untersuchungen zur Praxis der Lernortkooperation zeigen, daß zwischen dem Anspruch nach intensiver Zusammenarbeit und der Realität eine große Lücke klafft. Die Gründe für die aus berufspädagogischer Sicht häufig unbefriedigende Kooperationspraxis sind vielfältig. Eine besondere Rolle kommt allerdings der fehlenden Institutionalisierung von Kooperation in der Berufsbildungspraxis zu. Überspitzt formuliert könnte man sagen, daß zwar jeder die Zusammenarbeit will, sich aber niemand dafür verantwortlich fühlt. Deshalb muß die Zusammenarbeit zwischen Betrieb und Berufsschule auch organisiert werden, wenn sie zu einem selbstverständlichen Bestandteil des Berufsbildungssystems werden soll.

Der Modellversuch kobas „Verbesserung der Kooperation zwischen Ausbildungsbetrieben und Berufsschulen im dualen System der Berufsausbildung" setzt am Problem der unzureichenden Institutionalisierung von Kooperation an. Ausgehend von bereits vorhandenen Formen der Zusammenarbeit sollen gemeinsam mit Ausbildern und Berufsschullehrern Möglichkeiten für eine Systematisierung und Verstetigung der Kooperation entwickelt und erprobt werden. Ziel ist die Realisierung institutionalisierter Kooperationsstrukturen. Mit diesem Ansatz kommt der Arbeit des Modellversuchs für die Weiterentwicklung des dualen Berufsbildungssystems eine erhebliche Bedeutung zu.

In der vorliegenden Veröffentlichung wird über Stand und Perspektiven der Lernortkooperation in bayerischen Ausbildungsbetrieben und Berufsschulen auf der Basis einer Befragung berichtet. Die Schrift bietet einen differenzierten Einblick in die vorhandenen Aktivitäten und Probleme der Zusammenarbeit der Lernorte. Sie beleuchtet Vorstellungen, Handlungsorientierungen und gegenseitige Einschätzungen der Verantwortlichen in Betrieb und Berufsschule. Das Thema „Lernortkooperation" wird von den Verfassern dabei systematisch in den Kontext des Innovationsbedarfs in der beruflichen Bildung gestellt. Die Veröffentlichung zeigt, daß trotz bestehender Probleme eine Reihe von positiven und nachahmenswerten Beispielen der Kooperation in der Berufsbildungspraxis vorhanden sind. Perspektivisch werden von den Verfassern wesentliche Elemente von Lernortkooperation als Innovationsstrategie für das duale System skizziert.

Mit der Veröffentlichung wird ein wichtiger Beitrag für die Suche nach geeigneten Wegen und Maßnahmen zur Verbesserung der Zusammenarbeit zwischen Ausbildungsbetrieben und Berufsschulen geleistet. Eine breite Resonanz in der Fachöffentlichkeit ist zu wünschen.

Dr. Günter Walden
(Bundesinstitut für Berufsbildung)

Vorwort

Die berufliche Erstausbildung ist unter zwei Gesichtspunkten von herausragender Bedeutung. Ihre Qualität ist eine Voraussetzung im globalen wirtschaftlichen Wettbewerb, gleichzeitig stellt sie für einen großen Teil der Schulabgänger die erste, häufig prägende Begegnung mit der Arbeitswelt dar.

Die duale Berufsausbildung wird in Deutschland von annähernd 70 Prozent der Jugendlichen eines Geburtsjahrgangs durchlaufen. Ihre Qualität ist damit gleichbedeutend mit der Qualifikation eines Großteils unserer Erwerbsbevölkerung. Dies verpflichtet alle Verantwortlichen, durch eine intensive Zusammenarbeit die Qualität unseres Berufsausbildungssystems sicherzustellen bzw. zu verbessern. Dies geschieht jedoch bisher viel zu häufig noch mit Blick auf die jeweils eigene Interessenlage, ohne die spezifischen Bedürfnisse des dualen Partners bzw. des Auszubildenden ausreichend zu berücksichtigen.

Der Modellversuch „Verbesserung der Kooperation zwischen Berufsschulen und Ausbildungsbetrieben" (kobas), der am Staatsinstitut für Schulpädagogik und Bildungsforschung angesiedelt ist und in dessen Rahmen die hier vorliegende Untersuchung erstellt wurde, verfolgt deshalb das Ziel, Strukturen zu schaffen und zu institutionalisieren, welche eine kontinuierliche Zusammenarbeit begünstigen bzw. sicherstellen.

Das Bayerische Staatsministerium für Unterricht, Kultus, Wissenschaft und Kunst fördert dieses Modellvorhaben unter anderem durch die Verlagerung von Kompetenzen an die Schulen. Entscheidungen sowohl im Bereich der pädagogischen Arbeit einer Schule als auch im Hinblick auf schulorganisatorische und betriebliche Erfordernisse können zukünftig verstärkt vor Ort getroffen werden. Die Schulen sind ausdrücklich dazu aufgerufen, in einen innovativen, konstruktiven und kontinuierlichen Kooperationsprozeß mit den dualen Partnern zu treten.

Herbert Pascher
(Ministerialdirigent, Leiter der Abteilung Berufliche Schulen des Bayerischen Staatsministeriums für Unterricht, Kultus, Wissenschaft und Kunst)

1 Einleitung

Das duale System der beruflichen Erstausbildung in der Bundesrepublik Deutschland steht auf dem Prüfstand: Kann das System die zukünftig notwendigen Qualifikationen in unserem Land sicherstellen? Diese Frage hat ihre Grundlage in den neuen Anforderungen, denen die Betriebe durch die weltwirtschaftlichen Entwicklungen ausgesetzt sind. Da neue Maßstäbe an die Konkurrenzfähigkeit des Standortes Deutschland angelegt werden, ist neben der betrieblichen Personalentwicklungspolitik auch die berufliche Bildung als solche betroffen. Sie kann und will sich den Auswirkungen des wirtschaftlichen Wandels nicht entziehen. Doch was bedeutet dies für das duale System der beruflichen Erstausbildung? Sind die in seiner Vielfalt begründeten Potentiale – Partner mit unterschiedlichen Stärken, die systematische Verbindung von Arbeiten und Lernen, die Identifikation der Arbeitnehmer mit ihrer Arbeit, die Kombination von theoretischer und praktischer Vermittlung, die Verknüpfung von Integrations-, Selektions- und Qualifizierungsfunktionen – wirklich schon ausgeschöpft?

Wird die Frage so gestellt, bietet es sich an, das System zunächst einmal auf seine immanenten Reformmöglichkeiten hin auszuloten. Sofern sich dabei bisher brachliegende Ressourcen zeigen, käme ihre Nutzung einer Optimierung der Leistungen des dualen Systems gleich. Da eine der Stärken des Systems in der Existenz zweier zentraler Lernorte (Berufsschule und Betrieb) liegt, ist das Miteinander dieser Lernorte ein besonders interessanter Ansatzpunkt. Denn sowohl der Lernort Betrieb als auch der Lernort Berufsschule bringt spezifische Entwicklungspotentiale in die berufliche Bildung ein, aus deren Unterschiedlichkeit sich weitergehende Nutzungsmöglichkeiten ergeben.

Der Modellversuch „Verbesserung der Kooperation zwischen Berufsschulen und Ausbildungsbetrieben im dualen System der Berufsausbildung (kobas)" setzt an dieser Stelle, d. h. den Kooperationsbeziehungen der dualen Partner, an: In verbesserten Kooperationen werden Modernisierungschancen des Systems gesehen. Ihre Chancen werden erkundet und gefördert.

Ziel dieses Modellversuchs ist die Verbesserung der Zusammenarbeit zwischen den Lehrkräften der Berufsschulen und den betrieblichen Ausbildern. Es werden Möglichkeiten einer kontinuierlichen Lernortkooperation zur Sicherstellung einer bedarfsorientierten Ausbildung aufgezeigt. Dazu werden bestehende Kooperationen aufgegriffen, gefördert, strukturell gefestigt und langfristig nutzbar gemacht. kobas verfolgt dabei einen Bottom-up-Ansatz, d. h., die regionalen

Akteure werden aktiv einbezogen und die Kooperationen entsprechend ihrer aus der Praxis vor Ort folgenden Bedürfnissen ausgestaltet. Der Zielsetzung des Modellversuchs entsprechend gibt es zwei parallele Vorhaben: einen schulischen Modellversuch, der vom Staatsinstitut für Schulpädagogik und Bildungsforschung (ISB) in München durchgeführt wird, und einen inhaltsgleichen betrieblichen Modellversuch, der von den Beruflichen Fortbildungszentren der Bayerischen Arbeitgeberverbände e. V., Abteilung Bildungsforschung (bfz), durchgeführt wird.[1] Die wissenschaftliche Begleitung dieser Modellversuche nimmt das Institut für sozialwissenschaftliche Beratung (isob) wahr (vgl. Paul/Döring 1997, S. 33 f.; Zeller 1997a, S. 16 ff.; Paul 1998).

Um die Grundlagen für diese Vorhaben zu schaffen und mehr Licht in das zwar vieldiskutierte, aber wissenschaftlich noch nicht umfassend analysierte Feld der Lernortkooperationen zu bringen, wurden Stand und Perspektiven von Kooperationsaktivitäten zwischen Berufsschulen und Ausbildungsbetrieben durch zwei Umfragen erfaßt. Deren Ergebnisse werden in diesem Bericht dargestellt und unter dem Gesichtspunkt der Verwertbarkeit für die Anliegen von kobas analysiert und bewertet. Diese Darstellung wird in den Kontext der Diskussion um die Zukunft des dualen Systems und Lernortkooperationen eingebettet (siehe Abschnitt 2 und 3). Nach einer Beschreibung des Ansatzes erfolgt die Präsentation der Umfrageergebnisse zunächst getrennt nach Berufsschulen und Ausbildungsbetrieben. Danach wird eine vergleichende Analyse vorgenommen (siehe Abschnitt 4). Zum Abschluß werden die Resultate hinsichtlich ihrer Bedeutung für den Modellversuch kobas und die Zukunft des dualen Systems beurteilt (siehe Abschnitt 5).

2 Zur Modernisierungsdebatte um die Berufsausbildung in Deutschland

2.1 Ausgangslage

Die beruflichen Qualifikationen der Arbeitnehmer sind ein entscheidender Faktor für den Standort Deutschland. Ihr hoher Standard ist bisher maßgeblich auf das duale System der Berufsausbildung zurückzuführen (vgl. Schlaffke 1996, S. 23).[2] Die hohe internationale Anerkennung des deutschen Wirtschaftsstandortes geht nicht zuletzt auf das hohe Niveau der Qualifikation und die große Zahl der Facharbeiter und Fachangestellten zurück. Das weltweite Interesse an der deutschen Berufsausbildung hat aber noch weitere Gründe. Hierzu zählen die vergleichsweise niedrigen Raten von Jugendarbeitslosigkeit und Jugendkriminalität sowie der relativ problemlose Übergang von der Schule in die Arbeitswelt.[3] Trotzdem ist das duale System der Berufsausbildung seit einiger Zeit nicht nur in Fachkreisen Gegenstand kontroverser Diskussionen (vgl. Falk 1996, S. 70 ff.; Geißler 1995, S. 147 ff.; Kutscha 1992, S. 145 ff.; Spiegel 1997, S. 25 ff.; Kau 1995, S. 53 ff.; Adler/Dybowski/Schmidt 1993, S. 3 ff.; Arnold 1993, S. 20 ff.; Timmermann 1997, S. 314 ff.). Vor allem Kosten- und Flexibilitätsaspekte der beruflichen Ausbildung werden diskutiert. Die zentrale Frage dabei ist, ob die Betriebe die duale Berufsausbildung noch für ihre derzeitigen und zukünftigen Produktionskonzepte brauchen. Es scheint, als ob das duale System der Berufsausbildung vor einer Zerreißprobe steht, die zur weiteren Erosion führt, wenn keine produktiven und konstruktiven Lösungen für Kosten- und Flexibilitätsprobleme gefunden werden. Der Reformdruck geht vor allem von vier Spannungsfeldern aus, die mehr oder weniger konträr debattiert werden: Berufsorientierung der Berufsausbildung, Grad der Verschulung, Ausbildungsplatzsituation und Angemessenheit der Leistungsabforderung.[4]

2.2 Auflösung des bisher gültigen Berufsprinzips oder Festhalten an der Berufsorientierung beruflicher Bildung?

Da in Zukunft andere, vor allem aber flexible und soziale Qualifikationen in den Betrieben gefragt sein werden, das Berufsausbildungssystem diese jedoch bisher noch nicht ausreichend zur Verfügung stellt, wird zunehmend die Bindung der Ausbildung an das Berufsprinzip – Ordnungsschema des dualen Systems der Berufsausbildung – in Frage gestellt (vgl. Benner 1997, S. 54 f.; Kuper 1997, S. 125 ff.; Harney 1997, S. 108; Geißler 1995, S. 149; Baethge/Andretta 1995, S. 43; Sauter 1997, S. 72). Daraus werden dann unterschiedliche Schlüsse über die zukünftige Bedeutung des Berufsprinzips für die Ausbildungskultur gezogen. Für eine reduzierte Bedeutung oder gar eine Abschaffung der Berufsbindung werden fünf Argumente gebracht:

- In den Betrieben gibt es mittlerweile kontinuierliche Reorganisationsprozesse, die zu fortwährenden Strukturveränderungen führen. Diese verlangen nach einer beweglichen Qualifikationsbasis, welche weniger Strukturvorgaben als das Berufsprinzip enthält. Die rasche Verfallszeit der Berufsqualifikationen führe zur Notwendigkeit einer Verbreiterung der Grundqualifizierung und einer verstärkten lebenslangen Weiterbildung mit Veränderungen der zeitlichen Koordination von Phasen des Kompetenzerwerbs und der Anwendung von Kompetenzen (vgl. Kuper 1997, S. 128 f.; S. 135 ff.).[5] Nach gängigem Verständnis bündelt der Beruf aber Kenntnisse und Fähigkeiten, wobei Konstanz und Kontinuität der Qualifikationen sowie der Tendenz nach eine Lebensperspektive unterstellt werden. Diese Eigenheiten des Berufsverständnisses treten in Spannung zur ständigen Veränderung der Qualifikationsanforderungen (vgl. Geißler 1995, S. 149 f.; Geißler 1996, S. 27 ff.; Wittwer 1996, S. 78 f.): „Die über das Berufskonzept zurechenbaren Kompetenzmuster verlieren in dem Maß an Bedeutung, in dem sich die Veränderung von Anforderungen in den Betrieben durch den Wandel organisationaler Strukturen vollzieht. ... Die durch Berufe symbolisierten Fähigkeitsmuster erweisen sich als zu starr, als daß sie mit den Wandlungserfordernissen auf der Ebene der Organisation kompatibel sein könnten" (Kuper 1997, S. 128).
- Das Berufsprinzip würde zur Überschätzung des eigenen Wissens und der eigenen Fähigkeiten beitragen. Damit ginge eine Geringschätzung der Qualifikationen anderer einher.[6] Das wiederum soll zu Abgrenzungen führen, die

- negative Folgen bei der Implementierung von betrieblichen Innovationen haben, da diese die Integration fremden Wissens erfordern.[7]
- Die Schneidung der Berufe mit den ihnen zugeordneten Ausbildungsinhalten soll zum Teil nicht mehr den Anforderungen der Arbeitswelt entsprechen.[8] An den Arbeitsplätzen würden heute von den Arbeitnehmern häufig Fähigkeiten aus verschiedenen Berufen verlangt. Auch der Erwerb von überberuflichen Qualifikationen („Schlüsselqualifikationen") nimmt zu (vgl. Wittwer 1996, S. 78).
- In zukunftsträchtigen Branchen (Telekommunikation, Medien und Dienstleistungen) habe sich ohnehin schon weitgehend ein Training on the job durchgesetzt, da es an Ausbildungskonzepten fehle. Auch die Entwicklung und Einführung der neuen Ausbildungsberufe im Informations- und Telekommunikationsbereich (z. B. Informations- und Telekommunikationssystemkaufleute, Informatikkaufleute), in denen seit August 1997 ausgebildet wird, habe diese Lücke erst zum Teil geschlossen.
- Ausbildungsplätze könnten mangels geeigneter Bewerber nicht besetzt werden, weil immer mehr Schüler mit weitergehendem Schulabschluß den Wunsch haben zu studieren. Dies läßt sich mit der Mediokratisierung der Karrieren von Absolventen dualer Ausbildungsgänge in privaten Unternehmen erklären. Durch neue Produktionskonzepte in den Betrieben und eine verstärkte Rekrutierung von Absolventen beruflicher Vollzeit- und Fachhochschulen droht eine weitere Beschneidung der Entwicklungsmöglichkeiten dualer Ausbildungsabsolventen. Der Rückgang der relativen Nachfrage nach dualen Ausbildungsstellen könnte darauf hinweisen, daß die Schulabgänger bereits auf diese reduzierten Entwicklungsperspektiven reagiert haben. Kosten-Nutzen-Kalküle, formale Karriereerwartungen und Vermeidungsstrategien anstelle individueller Neigungen bestimmen zunehmend die persönlichen Bildungsentscheidungen. Dies kann als Ausdruck davon interpretiert werden, daß der Beruf für die Wert- und Sinnstiftung der Individuen an Bedeutung verliert. Die Entberuflichung von Arbeitsstrukturen und der damit einhergehende Bedeutungsverlust spezieller praktischer Qualifikationen zugunsten allgemeiner theoretischer Kompetenzen hat schon heute einer Verschulung der Ausbildung für mittlere betriebliche Positionen Vorschub geleistet (vgl. Lempert 1995, S. 226; Behringer/Ulrich 1997, S. 5; Kutscha 1992, S. 145; Geißler 1995, S. 149; Wittwer 1996, S. 79).[9]

Gegen diese Argumentationen wird eingewendet:
- Das Qualifikationsniveau müßte als Ganzes angehoben werden. Dies sei nur durch die Bindung der Ausbildung an das Berufsprinzip zu leisten. Es verhindert, daß Arbeitnehmer nur ein „Sammelsurium isolierter Spezialkenntnisse" oder „schmale Qualifikationszuschnitte" erwerben. Der ganzheitliche Charakter einer Qualifikation sei eine Voraussetzung für die aktive Mitwirkung der Arbeitnehmer an neuen Unternehmenskonzepten (vgl. Schlaffke 1996, S. 27 f.; Nickolaus 1997, S. 188). Vor diesem Hintergrund wird lediglich eine Flexibilisierung des Berufsverständnisses durch die Einführung offener und dynamischer Berufsbilder befürwortet bzw. die Innovationsfähigkeit und Flexibilität des dualen Systems im Rahmen der Berufsbindung für ausreichend gehalten (vgl. Benner 1997, S. 63 ff.).
- Umfassendere und heterogenere Qualifikationsanforderungen beinhalteten mehr theoretische und abstrakte Sachverhalte, die ein integratives und praxisbezogenes Zentrum benötigen. Die Beruflichkeit könnte diese Funktion auch bei theoretisch weniger begabten oder interessierten Jugendlichen erfüllen, da Zusammenhänge zwischen konkreter Tätigkeit und umfassender Entwicklung besser einsichtig werden (vgl. Baethge/Andretta 1996, S. 45 f.).
- Die Aufhebung der Berufsorientierung beruflicher Bildung ist negativ, weil nur der Beruf die Motivation, Leistungsbereitschaft und Identität der Beschäftigten sichert. Berufsbildung in einem System, das weitgehend auf Training on the job beruht, führt danach zu geringen Identifizierungsmöglichkeiten und einer Vernachlässigung der Herausbildung von Transferfähigkeiten („Lernen des Lernens").
- Eine Abschaffung des Berufsprinzips führe zu einem Verlust an Einheitlichkeit, Transparenz und Vergleichbarkeit für die Betriebe und die Jugendlichen. Die Verwertbarkeit der Qualifikationen am Arbeitsmarkt und damit die Mobilität der Arbeitnehmer sei aber eng an die Berufe gekoppelt. Das Berufsprinzip erlaube heute für jeden die Identifikation von Fertigkeiten und Fähigkeiten (vgl. Weiß 1996, S. 160 f.).
- Das Tarifsystem ist an das Berufsprinzip gebunden. Jede grundlegende Veränderung der Berufsorientierung habe deshalb auch Folgen für die bewährte tarifliche Gestaltung der Arbeitsbeziehungen.

2.3 Verschulung der Berufsausbildung oder arbeitsorientiertes Lernen?

Veränderte Produktions- und Unternehmenskonzepte rücken die Nutzung der kreativen Potentiale des Menschen in den Mittelpunkt ihrer Strategien. Die Qualifikation und fachliche Souveränität der Arbeitenden wird in diesen Konzepten als entscheidende Produktivkraft angesehen. Sie soll stärker genutzt und gefördert werden. Hinzu kommt, daß die fortschreitende Implementierung neuer Techniken in die Arbeitsprozesse und deren Globalisierung die „Umschlagsgeschwindigkeit" von Qualifizierungsinhalten erhöhen. Es kommt daher neben der Veränderung von konkreten Tätigkeitsinhalten auch zu neuen Anforderungsprofilen. Darin überschneiden sich Tätigkeiten aus verschiedenen Berufen, was oft mit dem Stichwort „Hybridqualifikationen" beschrieben wird (vgl. Bojanowski/Döring/Herz 1993, S. 7 ff.; Baethge/Andretta 1996, S. 41 ff.).[10] Diese veränderten Bedingungen betrieblicher Arbeit führen häufig auch zu erweiterten Lernmöglichkeiten am Arbeitsplatz.

Dadurch bekommt arbeitsorientiertes Lernen eine höhere Bedeutung für die betriebliche Ausbildung, was in der Regel eine schnellere und effektivere Vermittlung von neuen Ausbildungsinhalten und einen besseren Transfer des erworbenen Wissens in die Arbeitspraxis erlaubt.[11] Das Konzept des arbeitsorientierten Lernens nutzt offensiv neue Lernchancen, die sich durch die neuen Produktionskonzepte bieten. Großbetriebe verändern deshalb z. B. die Funktionszuweisung ihrer Lehrwerkstätten. Die Ausbildung wird wieder zunehmend in den Produktionsprozeß verlagert.

Gleichzeitig ändert sich das Verhältnis von Theorie und Praxis. So ist bereits eine verstärkte Bedeutung theoretischer Grundlagen und Kenntnisse zu konstatieren. Durch die Mediatisierung der Tätigkeiten sind in vielen Berufen mehr und mehr die „Qualifikationen eines Symbolanalytikers" gefragt.[12] Die tendenzielle Zunahme theoriegeleiteter Arbeitshandlungen stellt die betriebliche Ausbildungsorganisation vor neue Probleme: Technologische Prozesse sind z. B. nicht mehr einfach durch unmittelbar erfahrungsgeleitetes Lernen im Arbeitsprozeß vermittelbar. Komplexe technologische Vorgänge haben häufig den Charakter einer unbegriffenen „Black box". Die zunehmende „Verwissenschaftlichung" der Ausbildungsinhalte muß aber nicht unbedingt zu einer stärkeren Verschulung der betrieblichen Ausbildung führen, sondern stellt genauso wie die Ausbildungsform des arbeitsorientierten Lernens die Berufsschule und den Betrieb vor neue Anforderungen hinsichtlich ihrer Lehr- bzw. Lernorganisation (vgl. Hahne 1997, S.4 ff.).

Die theoretischen Grundlagen müssen für die Beherrschung von Praxisphänomenen erst aufbereitet werden. Dadurch verändert sich die Rolle der Berufsschullehrer (Unterrichtsanforderungen, Unterrichtszeit etc.) ebenso wie die Rolle der Ausbilder. Praxis und Theorie sind nicht mehr einfach nur einem der Lernorte zuzuordnen.

Dieses Spannungsfeld mit seinen gegensätzlichen und zum Teil widersprüchlichen Forderungen nach einem Ausbau der betrieblichen und gleichzeitig einer stärkeren theoretischen Orientierung der Berufsausbildung läßt sich durch neue Kooperationsformen der Lernorte innovativ entwickeln. Solche Kooperationsformen müssen auf einer neuen Rollenzuweisung der Partner beruhen und die Entwicklungspotentiale aller Lernorte nutzen und fördern. Eine produktive Lösung bestünde darin, Schule und Betrieb nicht als sich ausschließende Lernortalternativen zu sehen, sondern sie über ein neues Rollenverständnis aufeinander zu beziehen. Lehrer und Ausbilder müssen lernen, die verschiedenen Lernorte in ihren spezifischen Lernmöglichkeiten wahrzunehmen und für ihren Bereich zu nutzen. Das Zusammenwirken von betrieblicher Ausbildung und Berufsschulunterricht wird dadurch aber nicht einfacher.

2.4 Rückgang der Ausbildungsplätze oder steigende Nachfrage?

Das Engagement der Betriebe, Ausbildungsplätze zur Verfügung zu stellen, hat in den letzten Jahren nachgelassen.[13] Es läßt sich ein erheblicher Abbau von Ausbildungsplätzen in manchen Bereichen feststellen (z. B. in der Metall- und Elektroindustrie oder in den großen Handels- und Dienstleistungsbetrieben).[14] Ein Grund dafür liegt darin, daß die Kostenbelastung im Ausbildungswesen von vielen Betrieben als zu hoch angesehen wird (vgl. Zedler/Klein 1996, S. 35 ff.). Insbesondere die dreijährigen Ausbildungszeiten erscheinen vielen Unternehmen in manchen Berufen als unnötige Belastung, u. a. deswegen, weil die betriebliche Personalplanung heute auf kürzere Zeiträume angelegt ist (vgl. Geißler 1995, S. 152 f.; Geißler 1996, S. 31 f.).[15]

Diese Sichtweise der Betriebe hat ihren Grund darin, daß die Ausbildungsergebnisse für den Betriebszweck oft nicht mehr unmittelbar nützlich erscheinen, weil andere Anforderungen an die Arbeitnehmer gestellt werden und andere Rekrutierungswege aufgrund der Umgestaltung des Arbeitsmarkts möglich sind. Erst dadurch erhält das Kostenargument in der internationalen Konkurrenz ein größeres Gewicht.

Gleichzeitig ist jedoch eine Steigerung der Nachfrage nach Ausbildungsplätzen eingetreten (vgl. Zedler/Klein 1996, S. 35; Bundesanstalt für Arbeit 1997, S. 611). Eine weitere Zunahme der absoluten Nachfrage wird erwartet, auch wenn die relative Nachfrage schon seit einiger Zeit zurückgeht (vgl. Bundesministerium für Bildung, Wissenschaft, Forschung und Technologie 1996, S. 7 ff.; Behringer/ Ulrich 1997, S. 3 f.). Schon heute klafft deshalb eine immer größer werdende Lücke zwischen Angebot und Nachfrage. Neben demographischen Ursachen (geburtenstarke Jahrgänge) ist eine „Bugwelle" von Ausbildungsplatzbewerbern, die sich in einer „Warteschleife" befinden, weil sie bisher nicht den gewünschten Ausbildungsplatz fanden, dafür verantwortlich (vgl. Kau 1995, S. 55).[16] Diese Lücke kann nur geschlossen werden, wenn sich das System qualitativ verändert.[17]

2.5 Unterforderung oder Überforderung?

Die Zusammensetzung der Auszubildenden wird hinsichtlich ihrer Bildungsvoraussetzungen im Vergleich zu früheren Jahrzehnten immer heterogener. Es gibt Anteilsverschiebungen zugunsten höher vorqualifizierter Jugendlicher (vgl. Behringer/Ulrich 1997, S. 3 f.). Das hat Auswirkungen auf die Ausbildungssituation, da das System nicht flexibel genug ist, dementsprechend differenzierte Angebote zu machen.

Die Unterforderung vieler Abiturienten geht oft mit einer Überforderung vieler Hauptschulabsolventen einher. Es wird z. B. davon ausgegangen, daß heute etwa 20 Prozent eines Jahrganges (etwa 100 000 Personen) mit der bisher üblichen dreijährigen dualen beruflichen Erstausbildung überfordert sind, weil sich die Anforderungen in den Berufen verändert haben, der Anteil ausländischer Jugendlicher gestiegen ist, das Niveau der Hauptschule nicht ausreichend ist usw. Diese Jugendlichen müssen mit umfangreichen Sonderprogrammen unterstützt werden, da ihnen eine ihren Fähigkeiten entsprechende Ausbildung nicht geboten wird (vgl. Enggruber 1997, S. 204 ff.). Trotzdem haben viele der sogenannten „benachteiligten Jugendlichen" Schwierigkeiten, eine Ausbildung erfolgreich abzuschließen.

Die dichotome Zusammensetzung der Auszubildenden stellt beide Partner im dualen System vor neue Probleme, für die schnell Lösungen gefunden werden müssen. Ansonsten geht die Tendenz weiter dahin, daß gerade für Höherqualifizierte das Training on the job die duale Berufsausbildung ablöst und die Zahl der An- und Ungelernten steigt (vgl. Zedler 1996a, S. 172 ff.; Schlaffke 1996, S. 20 f.; Lempert 1995, S. 226).[18]

3 Lernortkooperationen als Mittel zur Reformierung des dualen Systems

In den geschilderten Diskussionen über die Zukunft des dualen Systems der Berufsausbildung kommen Spannungsfelder zum Ausdruck, die einen Modernisierungsbedarf dieses Systems in organisatorischer, methodischer und didaktischer Hinsicht begründen. Allerdings ist der Grad der Radikalität des erforderlichen Wandels umstritten: Ist eine Reform im System möglich oder gegen es notwendig? Auch wenn diese Frage selbstverständlich noch nicht entschieden ist, zeichnet sich ab, daß verstärkte und veränderte Lernortkooperationen eine Möglichkeit zur systemimmanenten Reform bieten.[19]

Es gibt einen relativ breiten Konsens darüber, daß über veränderte Kooperationen auch eine verbesserte berufliche Erstausbildung zu erreichen ist (vgl. z. B. Empfehlung des Hauptausschusses des Bundesinstituts für Berufsbildung zur Kooperation der Lernorte 1997).[20] Aus diesem Grund wurden bereits mehrere Modellversuche durchgeführt, die sich mittelbar oder unmittelbar mit diesen Themenkomplex beschäftigt haben (vgl. z. B. Buschfeld 1994; Geschäftsstelle Kolorit; Modellversuch WOKI 1991; Frede u. a. 1992; Heermayer/Lanfer 1996; Heise u. a. 1996, Ehrlich/Heier 1994; Drescher/Ehrlich 1996).[21]

Die derzeitige Kooperationspraxis wird dennoch häufig als unzureichend eingeschätzt. In der Regel drückt sich die Dualität in der beruflichen Erstausbildung in einem bloßen Nebeneinander der autonomen Systeme Berufsschule und Betrieb aus (vgl. Abbildung 1). Die beiden Lernorte arbeiten in der Regel unkoordiniert und didaktisch unvermittelt nebeneinander her (vgl. Walden 1996, S. 102; Zedler 1996b, S. 227 f.; Heidegger/Rauner 1995, S. 108; Kell 1995, S. 388 f.). Ein Betrieb formulierte in unserer Umfrage: *„Beide duale Partner arbeiten bisher weitgehend nebeneinander her."*

Abbildung 1: Klassische Schnittstelle zwischen Betrieben und Berufsschulen

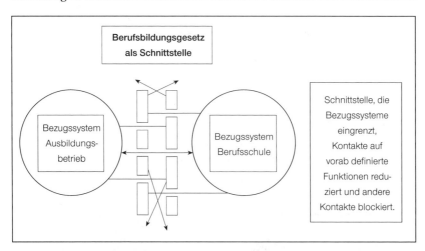

Eine Ursache dafür wird in den bestehenden rechtlichen Rahmenbedingungen gesehen. Danach sind der Bund für die betriebliche Seite und die Länder für die schulische Seite der beruflichen Erstausbildung zuständig. Diese rechtlich bedingte institutionelle Trennung hat in der Ausbildungsrealität zu einer „Koexistenz der Lernorte" mit einer relativ starren Aufgabenverteilung und in Folge davon zu Abschottungen geführt: Die Berufsschulen übernehmen den theoretischen, die Betriebe den praktischen Teil der Ausbildung. Die starre Arbeitsteilung zwischen den dualen Partnern erschwert ihre Kooperationen (vgl. Zedler 1996b, S. 226; Jost 1995, S. 64 f.; Münch 1995, S. 101). Ausbildungsbetriebe reagieren deshalb häufig mit isolierten, lernortbezogenen Problemlösungen auf neue Herausforderungen.

Da die Abgrenzung der pädagogischen Funktionen von Ausbildungsbetrieben und Berufsschulen die Funktionalität der Ausbildungsbemühungen an beiden Lernorten beeinträchtigt, ergibt sich der Bedarf einer Neustrukturierung des Verhältnisses von schulischer und betrieblicher Berufsausbildung. Die neuen Anforderungen an das duale Ausbildungssystem sind nur zu bewältigen, wenn die beiden Partner des Systems ihren lernortbezogenen Blickwinkel aufgeben. Statt dessen sind Optimierungsprozesse für das duale System als Ganzes ins Auge zu fassen, die auf intensiveren und stärker systematisierten Kooperationsbeziehungen beruhen. Wenn die Berufsausbildung auch weiterhin die Konkurrenzfähigkeit der deutschen Unternehmen sichern und die Qualifizierung der Arbeitnehmer zu einem entscheidenden Standortvorteil entwickeln will, kann die Trennung der Lernorte mit ihrer relativ geringen Kooperationsfrequenz und qualitativen Defiziten nicht mehr hingenommen werden. Der Modernisierungsbedarf des dualen Systems begründet veränderte Ansprüche an die Kooperation der Lernorte. Lernortkooperationen unterstützen Innovationen durch:

- *bessere Qualifizierung der Auszubildenden:* Neue Technologien und veränderte Arbeitsorganisationskonzepte in den Unternehmen verlangen von den Beschäftigten erhöhte Fach-, Sozial- und Methodenkompetenzen. Diese Qualifikationen erfordern ein neues Verhältnis von Arbeit und Lernen. Um das neue Konzept arbeitsorientierten Lernens adäquat zu unterstützen, erhalten die Lernorte eine veränderte Bedeutung, die zu Umstrukturierungen führt. Die Kooperation der Lernorte muß zu einem fortgesetzten periodischen Wechsel zwischen Prozessen systematischen Lernens unter Anleitung professioneller Lehrer und Ausbilder und der Reflexion auf die Struktur typischer Problemfälle und Lösungsstrategien unter Anleitung erfahrener Berater werden. Durch eine Neuverteilung von Theorie und Praxis, die sich daraus – und nicht mehr aus einer strikten Trennung der Lernorte – ergibt, sowie eine stärkere und unmittelbarere Verzahnung handlungsorientierter und theoretisch-systematischer Ausbildungssequenzen gewinnt die Lehrtätigkeit in den Berufsschulen ebenso ihren Praxisbezug zurück, wie die betriebliche Ausbildung ihre Lücken im fachtheoretischen, vor allem aber im methodisch-didaktischen Bereich vermindern kann. Der Theorie-Praxis-Transfer läßt sich auf diese Weise verbessern. Im Zusammenwirken von Berufsschulen und Ausbildungsbetrieben könnte dadurch eine handlungsorientierte Berufsausbildung besser verwirklicht und die Qualität der Ausbildung verbessert werden (vgl. Bauermeister/ Rauner 1996, S. 9; Lempert 1995, S. 229).
- *bessere Ressourcennutzung*[22]*:* In Zeiten knapper öffentlicher Mittel für die Berufsschulen[23] und steigenden Kostendrucks auf die Unternehmen kann eine Ressourcenoptimierung durch Kooperation eine Entlastung der Unternehmen und damit eine Erhöhung ihrer Ausbildungsbereitschaft (z. B. Wegfall des zeit- und kostenträchtigen betrieblichen Zusatzunterrichts) ermöglichen. Zudem kann eine Fachausbildung auf dem neuesten Stand der Technik gewährleistet werden, wenn Geräte von Betrieben und Berufsschulen gemeinsam für die Ausbildung beschafft oder genutzt werden.[24]
- *größere Aktualität der Ausbildung:* Aktuelle betriebliche Entwicklungen (z. B. neue Arbeitsorganisationskonzepte, neue Qualitätssicherungssysteme und Entwicklungen im betrieblichen Umweltschutz) müssen schneller Eingang in die betriebliche und schulische Ausbildungspraxis finden. Kooperationen er-

möglichen dies durch eine größere Flexibilität und bessere Anpassungsmöglichkeiten an technische, organisatorische und berufliche Innovationen in den Betrieben. Dazu gehört auch eine schnelle Umsetzung neuer Ausbildungsmethoden.

- *höhere Motivation bei den Auszubildenden:* Zur Zeit ist die fehlende Abstimmung zwischen Berufsschule und Ausbildungsbetrieb der von Auszubildenden am stärksten empfundene Mangel in der dualen Berufsausbildung (vgl. Pätzold 1997, S. 13; Kell 1995, S. 389). Auszubildende müssen aber schulisches und betriebliches Lernen aufeinander beziehen können, d. h. die Lernprozesse an beiden Lernorten als eine sinnvolle Einheit erfahren, um Motivationsverluste bei ihnen zu vermeiden. Sie werden an beiden Lernorten mit Konflikten und Widersprüchen konfrontiert, bei denen Ausbilder und Lehrer nur adäquat helfen können, wenn sie ausreichende Informationen und Kenntnisse über den jeweils anderen Lernort haben.

- *Neuordnung des Verhältnisses von Aus- und Weiterbildung:* Veränderte Kooperationen können insgesamt zu einer Veränderung des Systems der beruflichen Bildung führen, da sie die Isolierung von Institutionen und Akteuren aufheben. Durch neue Kooperationsformen werden die Berufsschulen dazu befähigt, eine neue Rolle in der Weiterbildung zu übernehmen: Sie kennen den Bedarf der Unternehmen besser, und die Lehrer erfahren in ihrer Tätigkeit einen Funktionswandel, der sie zu einem Partner der Betriebe werden läßt.

Solche durch Kooperationen erreichbaren Innovationen in der beruflichen Erstausbildung haben jedoch auch ihre Bedingungen. Sie erfordern ein entsprechendes Innovationsklima mit Raum für gemeinsame Entwicklungen und Lösungen. Deshalb kommt es weniger darauf an, bestehende Kooperationsaktivitäten einfach zu verstärken, sondern eine qualitativ andere Ebene der Zusammenarbeit zwischen Lehrern, Auszubildenden, Ausbildern und anderen am Ausbildungsprozeß beteiligten Personen zu finden. Bestehende Kooperationen müssen aufgegriffen werden, um sie qualitativ zu verändern.

Für qualitative Veränderungen muß bei den Akteuren selbst die Fähigkeit zur Innovation entwickelt werden, was in den vorgegebenen Interaktionsstrukturen der bisherigen Kooperationen häufig nicht möglich ist. Die Kooperationen von Berufsschulen und Ausbildungsbetrieben können zur Verbesserung der Ausbildung beitragen, wenn ihr weiterer Ausbau auf ein Innovationsklima ausgerichtet ist, in dem es systematisch zu einer Entwicklung der Fähigkeit zur Innovation bei den Akteuren kommt. Um das zu erreichen, bedarf es einer Reihe von institutionellen Veränderungen, die zu einer Institutionalisierung von Lernortkooperationen führen:[25]

- *Erzeugung innovativer Schnittstellen in Netzwerken:* Berufsschulen und Ausbildungsbetriebe haben unterschiedliche Bezugssysteme, an deren Schnittstelle Koproduktion von Innovationen systematisch entstehen kann, wenn eine entsprechende Gestaltung der Schnittstelle ermöglicht wird und neben aller Unterschiedlichkeit ein Fundus an gemeinsamen Interessen besteht. Die klassische Schnittstelle zwischen Berufsschulen und Ausbildungsbetrieben ist durch das Berufsbildungsgesetz definiert und wirkte bisher aber eher als Kontrollinstanz denn als Stimulus für Innovation (vgl. Abbildung 1). Derartige Schnittstellen sind charakteristisch für administrative Systeme und neofordistisches Management. Sie sind erfolgreich in der Sicherung von Prozessen, die auf langfristige Planung beruhen, in Zeiten stabiler kontinuierlicher Entwicklung. Sie offenbaren Schwächen in Zeiten des Umbruchs, des beschleunigten Wandels und entsprechender Planungsunsicherheiten und des Innovationsbedarfs. kobas strebt deshalb eine neue Form von Schnittstellen zwischen Berufsschulen und Ausbildungsbetrieben an, die neue Gestaltungsspielräume öffnet und zur produktiven Innovation im dualen System der Berufsausbildung stimuliert. In derartigen Netzwerken verschieben sich auch die traditionellen Grenzen der Institutionen – vor allem der Berufsschulen und Ausbildungsbetriebe –, weil eine Schnittstelle entsteht, an der es zwischen den Akteuren und Beteiligten zum Austausch von Interessen, Wissen, Materialien etc. kommt. Diese Schnittstellenfunktion sollen im Modellversuch kobas die lernortübergreifenden Arbeitsgruppen erfüllen, die sich unter dem Namen „Kooperationsstellen" konstituieren. Daß es dort zu einer produktiven Konfrontation der unterschiedlichen Referenzsysteme Berufsschule und Betrieb kommt, ist beabsichtigt (vgl. Abbildung 2). Denn Kooperation kann nicht verordnet werden. Wenn sie tatsächlich Innovationen vorantreiben soll, muß sie von den Akteuren vor Ort gewollt und getragen sein. Dies begründet den Bottom-up-Ansatz von kobas.

Abbildung 2: Schnittstelle zwischen den verschiedenen Bezugssystemen „Ausbildungsbetrieb" und „Berufsschule"

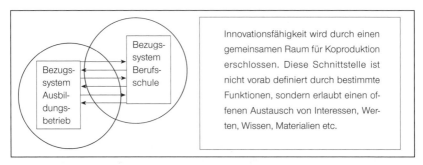

- *Bottom-up-Ansatz:* Um Akteure unterschiedlicher Hierarchieebenen (Schulleiter, Berufschullehrer, betriebliche Ausbildungsverantwortliche, Ausbilder und Schüler/Auszubildende) einzubeziehen, sind Kooperationsprozesse notwendig, in denen sie nicht nur arbeiten, sondern auch nachdenken können. Das bedeutet, Freiräume ohne eine ständige Ergebniskontrolle sind dafür zu schaffen. Die Koproduktion von Innovationen wird nur durch die systematische Einbeziehung aller Akteure in innovative Netzwerke gelingen. Dabei müssen sie alle als Experten für das Gesamtsystem respektiert werden. Gerade in der Konfrontation von unterschiedlichen Denkansätzen und Standpunkten von Lehrern, Ausbildern und Auszubildenden entsteht ein Klima, in dem Innovationen gedeihen können. In gleichberechtigten Interaktionen wird das System für Veränderungen geöffnet. Der sich auf diese Weise entwickelnde Innovationsprozeß durchbricht die traditionelle Rollenverteilung.

- *Identitätssicherung der kooperierenden Institutionen:* Eine klarere Profilierung der Institutionen im System der Berufsausbildung mit einer Neubestimmung der Aufgaben der Akteure im Innovations- und Bildungsprozeß trägt zu einer Identitätssicherung aller Beteiligten bei. Dies ist notwendig, weil Kooperationen auf der Autonomie und Souveränität der Institutionen beruhen. Nur selbstbewußte und gleichberechtigte Institutionen können zu Innovationen beitragen.

- *Verankerung der Kooperation als Kernaufgabe im Bewußtsein der Akteure:* Kooperationsaktivitäten dürfen nicht neben anderen Aufgaben herlaufen. Die verschiedenen Aufgaben der Akteure sollen vielmehr in den Kooperationen zusammengeführt werden. Lernortkooperation selbst wird integraler Bestandteil fast aller anderen Aufgaben der Akteure. Kooperationen bilden eine

Systemschnittstelle in der Berufsausbildung, die auf einem entsprechenden Kooperationsverständnis der Beteiligten beruht und weitreichende Innovationen im dualen System ermöglicht.

- *Ermöglichung von Handlungs- und Entscheidungsspielräumen:* Wenn wie bisher Kooperationen auf bestimmte Kommunikationskanäle eingeschränkt sind, kommt es zwar zu einem Austausch von Standpunkten, aber nicht zu neuen Vorhaben. Dazu ist eine relative Eigenständigkeit gegenüber der staatlichen Koordination notwendig. Die gemeinsame Verantwortung von Berufsschulen und Ausbildungsbetrieben für eine erfolgreiche Ausbildung steigt, wenn ein Handlungsspielraum besteht, der Entscheidungen erforderlich und möglich macht. Dies läßt sich nur durch eine Dezentralisierung erreichen, die der praktischen Arbeit die nötigen Kompetenzen einräumt und die Implementierung leistungsfähiger Steuerungssysteme zur bestmöglichen Ressourcennutzung vor Ort zuläßt (vgl. Koetz 1997, S. 96).

- *Sicherung der Kontinuität von Kooperationsbeziehungen durch Institutionalisierung:* Damit Kooperationen eine ständige Quelle von Innovationen werden, ist Stabilisierung, d. h. die Sicherung ihrer Kontinuität, notwendig. Innovationen können heute kein einmaliges Ereignis mehr darstellen, sondern müssen sich in einem kontinuierlichen Entwicklungs- und Umsetzungsprozeß vollziehen. Nicht zuletzt deswegen, weil die Innovationen in anderen gesellschaftlichen Bereichen (eine Folge der Globalisierung) ständig neue Anforderungen an die Berufsausbildung herantragen.

- *Regionalisierung von Innovationsprozessen:* Die Überwindung der Trennung der Lernorte durch Kooperationen kann keinem einheitlichen Muster folgen. Die regionalen und örtlichen Bedingungen sind in die Gestaltung unterschiedlicher Modelle der Institutionalisierung einzubeziehen, da die Stimulierung von Innovationsfähigkeit durch offene Schnittstellen gerade auf die Kreativität und das Wissen der Akteure vor Ort baut. Vorgaben oder Maßstäbe für die Art der Beziehungen und deren Entwicklung sind daher ein sensibles Feld. Wie in allen Systemen, in denen Selbstverantwortung und Bottom-up-Entwicklungen zum Zwecke einer Systemoptimierung eingesetzt werden, besteht auch bei kobas der Widerspruch in der Organisation von Selbstorganisation, d. h., Kooperationsstellen sollen selbsttätig und interessengeleitet Resultate zur Innovation des Berufsausbildungssystems – basierend auf den Problemperzeptionen der Beteiligten und motiviert durch deren Interessen – zeitigen. Managementsysteme bewegen sich in diesem Widerspruch durch das Einrichten von „Navigationssystemen", die den Akteuren helfen, sich bei aller Selbstverantwortung am gemeinsamen Zweck zu orientieren. Ein Erfahrungsaustausch zwischen unterschiedlichen Ansätzen der Realisierung in den Regionen kann aber ein Ansatz zur Schaffung eines gemeinsamen „Navigationssystems" der Praktiker vor Ort sein.

- *Schaffung von Rahmenbedingungen:* Lernortkooperationen benötigen verläßliche, d. h. zu einem gewissen Grad institutionalisierte Strukturen, die Kontakte zwischen den Akteuren erleichtern und deren Verständigung fördern. Dazu gehört auch die Bereitstellung von Ressourcen für Kooperationen, die heute den Akteuren nicht zur Verfügung stehen (vgl. Kell 1995, S. 389).

Werden diese Gestaltungsgrundsätze verwirklicht, so kann eine Koproduktion von Innovation dadurch entstehen, daß alle Beteiligten ein neues Verhältnis zueinander entwickeln. Institutionalisierte Kooperationen, z. B. Kooperationsstellen, schließen deshalb die Gesamtheit der Akteure beider Subsysteme und die „Schnittmenge" der Schüler ein. Der Modellversuch kobas stellt einen ersten Schritt dar, ein solches Innovationssystem in der beruflichen Erstausbildung zu installieren (vgl. Abbildung 3).

Abbildung 3: Innovative Schnittstellen im Berufsausbildungssystem

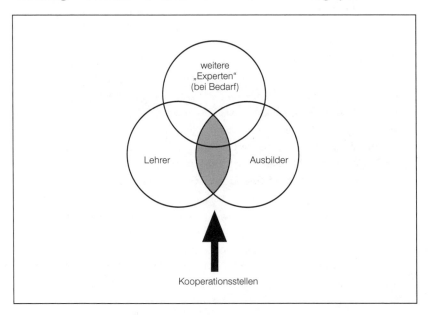

4 Kooperationsbeziehungen in der beruflichen Erstausbildung in Bayern

4.1 Zielsetzungen und Umrisse der Umfragen

Um in der gegenwärtigen Situation einen Handlungsrahmen für die Akteure im dualen System zu entwickeln, mehr über Kooperationen und die Sichtweisen der Akteure zu erfahren und um ein Innovationsmodell zu verorten, welches den dualen Partnern eine Orientierung und Hilfestellung für den Ausbau und die qualitative Veränderung ihrer Kooperationsbeziehungen geben kann, wurden zwei Umfragen durchgeführt. Es wurden Stand und Perspektiven der Kooperationen in Bayern, zukünftig geplante und gewünschte Aktivitäten, Verhaltensänderungen der Akteure durch Kooperationen, deren Erwartungen an Kooperationen und an das duale System der Berufsausbildung erhoben. Die Analyse zielte auf Ansatzpunkte für Innovationen, bisherige Schwierigkeiten und Mängel sowie die generelle Akzeptanz von Kooperationen. Diese Umfragen fanden vor dem Hintergrund heftiger öffentlicher Debatten um die Zukunft der dualen Berufsausbildung in der Bundesrepublik Deutschland statt. Da die Grundeinstellungen dazu einerseits die Kooperationsbeziehungen bestimmen, andererseits verbesserte Kooperationsbeziehungen eine Grundlage zur Umgestaltung sind, wurde auch nach Vorstellungen zur Umgestaltung des dualen Systems der Berufsausbildung gefragt.

Im Rahmen einer quantitativen schriftlichen Befragung wurden im Januar 1997 540 Betriebe in Bayern angeschrieben, um deren Kooperationsaktivitäten im Jahre 1996, ihre Beurteilung und zukünftige Aktivitäten zu erfassen. Sie richtete sich an Personalverantwortliche der Betriebe in Bayern. Die Rücklaufquote betrug 31,1 Prozent (168 Fragebögen).[26] Im Rahmen einer zweiten quantitativen schriftlichen Befragung wurden im Dezember 1996 alle 193 Berufsschulen in Bayern angeschrieben, um auch deren Kooperationsaktivitäten im Schuljahr 1995/96, deren Beurteilung und zukünftig geplante oder gewünschte Aktivitäten zu erfassen. Sie richtete sich an die Schulleiter der Berufsschulen in Bayern. Die Rücklaufquote betrug 90,7 Prozent (175 Fragebögen).[27] Die relativ hohen Rücklaufquoten beider Umfragen dürften maßgeblich durch die Aktualität der beschriebenen Debatte um die Zukunft des dualen Systems der Berufsausbildung in Deutschland bedingt sein.

4.2 Sichtweisen der Ausbildungsbetriebe

4.2.1 Strukturdaten der befragten Betriebe

Abbildung 4: Branchenverteilung der befragten Betriebe (in Prozent)

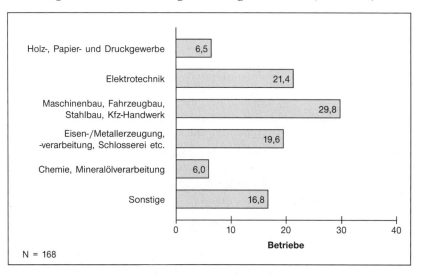

Bei den antwortenden Betrieben weist die Differenzierung nach Branchen ein Übergewicht des produzierenden Gewerbes aus. Ihm sind über 90 Prozent der Unternehmen zuzuordnen. Es dominieren die Branchen:
- Eisen- und Metallerzeugung, -verarbeitung, Schlosserei, Schmiederei,
- Elektrotechnik und
- Maschinenbau, Fahrzeugbau, Stahlbau, Kfz-Handwerk (vgl. Abbildung 4).

Der Anteil der Dienstleistungen liegt demzufolge nur bei ca. 6 Prozent. Über 97 Prozent der antwortenden Betriebe gehören einer Industrie- und Handelskammer an.

Die Differenzierung nach Größenklassen zeigt ein Übergewicht der Betriebe mit mehr als 250 Beschäftigten; fast 70 Prozent der Betriebe gehören dieser Gruppe an. Mittelbetriebe (bis zu 250 Beschäftigte) sind mit einem Anteil von fast 20 Prozent und Kleinbetriebe (bis zu 100 Beschäftigte) mit einem Anteil von 12,6 Prozent vertreten. Der größte Betrieb beschäftigte am 1. 6. 1996 7 000 Mitarbeiter und der kleinste Betrieb 4 Mitarbeiter (vgl. Abbildung 5).

Abbildung 5: Betriebe nach Größenklassen (in Prozent)

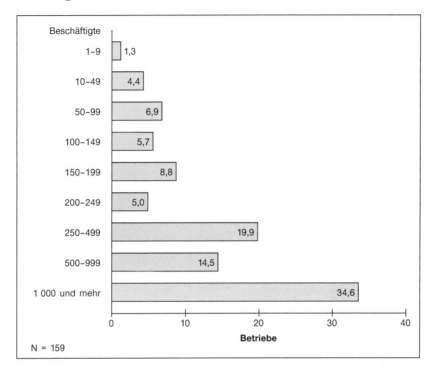

Abbildung 6: Anzahl der neben- und hauptamtlichen Ausbilder (in Prozent)

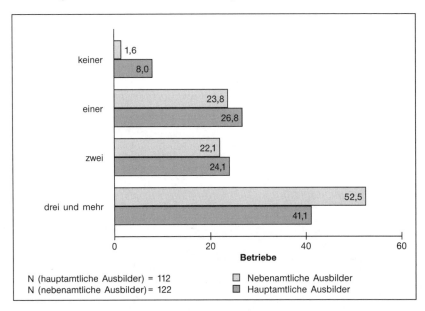

Die Personalstruktur im Ausbildungsbereich dieser Betriebe ist heterogen. Es gibt unterschiedliche Strukturmerkmale:

- *Das Verhältnis von neben- und hauptamtlichen Ausbildern differiert:* Knapp die Hälfte der Betriebe haben drei oder weniger Ausbilder. Sie haben fast zu 60 Prozent höchstens zwei hauptamtliche Ausbilder. Der Betrieb mit den meisten Ausbildern hat 300 haupt- und nebenamtliche Ausbilder. Die höchste Anzahl von hauptamtlichen Ausbildern hat ein Betrieb mit 35 hauptamtlichen Ausbildern. Die Betriebe haben zu über 90 Prozent höchstens 15 nebenamtliche Ausbilder. Die höchste Anzahl von nebenamtlichen Ausbildern hat ein Betrieb mit 285 nebenamtlichen Ausbildern (vgl. Abbildung 6).
- *Es existiert ein Zusammenhang zwischen Betriebsgröße und Ausbilderzahl:* Viele Betriebe organisieren ihre Ausbildungsaktivitäten mit nur wenigen Ausbildern. Die Unterschiede nach Betriebsgrößenklassen sind beim Ausbildungspersonal gemessen an der Beschäftigten- und Auszubildendenzahl aber nur gering ausgeprägt. Die Anzahl der hauptamtlichen Ausbilder verändert sich gemessen an der Mitarbeiterzahl nur wenig, während die Anzahl der nebenamtlichen Ausbilder in Abhängigkeit von der Mitarbeiterzahl steht, d. h.,

bei steigender Mitarbeiterzahl werden auch mehr nebenamtliche Ausbilder eingesetzt (vgl. Abbildung 7).

Abbildung 7: Anzahl der Ausbilder nach Betriebsgröße

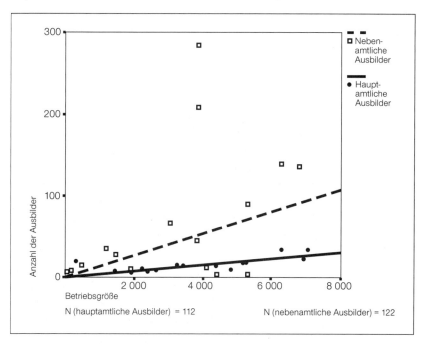

In den meisten Betrieben wird in nicht mehr als fünf Berufsbereichen ausgebildet. Die Anzahl der Auszubildenden in unserem Sample bewegt sich zwischen 10 Betrieben mit jeweils einem Auszubildenden und einem Betrieb mit 580 Auszubildenden. Die Auszubildenden wurden vor allem in den Berufsbereichen Wirtschaft und Verwaltung (überwiegend Industriekaufleute), Metalltechnik und Elektrotechnik ausgebildet. Viele Betriebe bilden sowohl im gewerblich-technischen als auch im kaufmännischen Bereich aus.

Dieses Betriebssample mit seiner geringen Stichprobengröße und dem vorhandenen Rücklauf erlaubt zwar keine repräsentativen Aussagen zu Kooperationsaktivitäten mit Berufsschulen und deren Perspektiven aus Sicht der Betriebe in Bayern. Es kann jedoch einen ersten Einblick in die Kooperationspraxis der Betriebe und deren Positionen vermitteln.

4.2.2 Stand der Kooperationsbeziehungen

Über 70 Prozent der antwortenden Betriebe kooperierten 1996 mit Berufsschulen in der beruflichen Erstausbildung. Diese Zusammenarbeit zwischen Betrieben und Berufsschulen wird von über 90 Prozent der Betriebe als wichtig oder sehr wichtig für die duale Berufsausbildung angesehen. Der Kontakt fand in 53 Prozent der Betriebe in Form persönlicher Gespräche statt.

Am meisten kooperierten Betriebe 1996 in den Prüfungsausschüssen mit dem anderen Lernort. Eine fast gleich große Bedeutung haben der Austausch über Verhalten, Disziplin, Leistungsstand und Lernschwächen von Auszubildenden. Darüber hinaus bestimmen zeitliche und organisatorische Abstimmungen, Betriebspraktika für Lehrer, Betriebserkundungen von Lehrern und Schülern und die gemeinsame Mitarbeit in externen Arbeitskreisen die Kooperationskultur. Dagegen kommen kaum Kooperationen mit dem Ziel einer infrastrukturellen Verbesserung der Ausbildung oder der Einbeziehung von Lehrkräften der Berufsschulen in betriebliche Weiterbildungsveranstaltungen vor (vgl. Abbildung 8). Diese Kooperationsaktivitäten wurden aus Sicht der Betriebe überwiegend von Ausbildern initiiert, aber auch Berufsschullehrern wird in hohem Maße eine Initiativfunktion zugeschrieben.

Die entscheidende Variable in den Kooperationsbeziehungen sind die Ausbilder und Lehrer und ihre Einstellungen zu Kooperationen. Unter gleichen Voraussetzungen, d. h. der Existenz gleicher relevanter Strukturmerkmale in der betrieblichen Ausbildungsorganisation (Existenz und Differenzierungsgrad schriftlicher Ausbildungspläne, Verfügbarkeit hauptberuflicher Ausbilder, Arbeitsbelastung ausbildender Fachkräfte, berufspädagogische Qualifikation des Ausbildungspersonals, Nutzung verschiedener Lernorte in der betrieblichen Ausbildung [Arbeitsplatz, Lehrwerkstatt, innerbetrieblicher Zusatzunterricht, überbetriebliche Unterweisung, Ausbildungsverbünde], didaktisch-methodische Gestaltung der Ausbildung [Beistellehre versus Einsatz differenzierter Ausbildungsmethoden] sowie Vorhandensein und Qualität einer für die Ausbildung geeigneten Ausstattung) und in der schulischen Lern-/Lehrsituation (z. B. Unterrichtsorganisation, Ausstattung), gibt es ein breites Spektrum von Ausprägungen der Zusammenarbeit mit unterschiedlichen Resultaten in der Kooperation. Dabei zeigt sich, daß im allgemeinen Kooperationen vom persönlichen Willen und Einsatz der jeweiligen Akteure getragen sind. Aufgrund des Fehlens von institutionellen Rahmenbedingungen für die Kooperationsaktivitäten kommen die eingeleiteten Maßnahmen häufig

Abbildung 8: Kooperationsaktivitäten bayerischer Ausbildungsbetriebe mit Berufsschulen im Jahre 1996 (in Prozent)

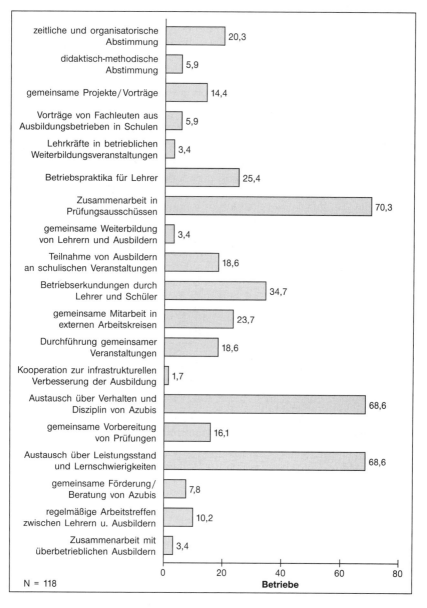

dann wieder zum Erliegen, wenn die Beteiligten ausscheiden.[28] Trotzdem werden von den Betrieben viele interessante Kooperationsaktivitäten berichtet. Von der Möglichkeit, mit regelmäßigen Betriebspraktika für Berufsschullehrer den Praxisbezug für die Berufsschule herzustellen, wird zwar relativ rege Gebrauch gemacht. Über ein Viertel der Betriebe praktizieren diese Kooperationsform. Für die Betriebe ist es jedoch nicht unproblematisch, wenn ein Lehrer für eine Woche in den Betrieb geht, da für die gesamte Zeit Betreuungspersonal abgestellt werden muß. Obwohl viele Firmen von der Sinnhaftigkeit und Notwendigkeit der Praktika überzeugt sind, können diese nicht dem Bedarf entsprechend durchgeführt werden, weil die personellen Kapazitäten fehlen. Trotzdem prüfen immer mehr Betriebe, ob die Möglichkeit besteht, Lehrerpraktika verstärkt anzubieten. *Von einem Betrieb am Modellversuchsstandort Passau wurden zwei unterschiedlich ausgerichtete Praktika für Berufsschullehrer angeboten und auch wahrgenommen: fachübergreifende Praktika, um spezifische Betriebszusammenhänge zu vermitteln, und ein lehrwerkstattbezogenes Praktikum, um über den neuesten Stand der Technik (Umgang mit neuen Maschinen – z. B. CNC-Programmierung –, neue Werkstoffe etc.) zu informieren.*

Über 40 Prozent der Betriebe kennen regionale Arbeitskreise oder Gremien, in denen es zu regelmäßigen Treffen von Ausbildern und Lehrern kommt. Diese beziehen sich jedoch in ihrer Arbeit nur selten direkt auf Fragen der Kooperation zwischen Berufsschulen und Ausbildungsbetrieben. Andere institutionalisierte Kooperationsstrukturen gibt es nur in rudimentären Ansätzen. *Anders bei einem Betrieb am Modellversuchsstandort Passau. Hier gibt es regelmäßige Arbeitstreffen zwischen Ausbildern und Lehrern. Die hauptamtlichen Ausbilder eines Großbetriebes treffen sich dreimal im Jahr mit den zuständigen Berufsschullehrern, um sich gegenseitig darüber zu informieren, was es jeweils am anderen Lernort „Neues" gibt. Weiterhin werden auf diesen Treffen auch Vorschläge zur Verbesserung der Kooperation zwischen den beiden Lernorten unterbreitet und diskutiert, beispielsweise hinsichtlich der Verbesserung der Effizienz von Lehrerpraktika und von zeitlichen und organisatorischen Abstimmungsprozessen.*

Abbildung 9: Kooperationsformen nach Berufsfeldern im Jahre 1996 aus Sicht bayerischer Betriebe[29]

	Elektro-technik	Metall-technik	Wirtschaft und Verwaltung	sonstige
zeitliche und organisatorische Abstimmung	14	17	7	2
didaktisch-methodische Abstimmung	3	4	4	2
Projekte	8	11	1	2
Betriebspraktika für Lehrer	20	25	11	3
Zusammenarbeit in Prüfungsausschüssen	43	59	31	14
Betriebserkundungen durch Lehrer und Schüler	20	31	14	7
gemeinsame Mitarbeit in externen Arbeitskreisen	17	21	16	5
Durchführung gemeinsamer Veranstaltungen	13	16	11	6
Austausch über Verhalten und Disziplin	39	55	29	13
gemeinsame Vorbereitung von Prüfungen	10	14	7	4
Austausch über Leistungsstand und Lernschwierigkeiten	39	57	30	11
gemeinsame Förderung	4	7	2	3
regelmäßige Arbeitstreffen zwischen Lehrern und Ausbildern	6	7	5	2
Aktivitäten von Ausbildern in Schulen	14	18	11	6

Zwischen den einzelnen Branchen und Berufsfeldern sind die Unterschiede in der Praktizierung der angeführten Kooperationsformen, z. B. bezüglich didaktisch-methodischer Abstimmungsprozesse, gering. Lediglich in den Berufsfeldern Metall und Elektro hatten Betriebspraktika für Lehrer eine relativ größere Bedeutung als in anderen Berufsbereichen (vgl. Abbildung 9).

Anders ist allerdings die Situation bezogen auf die Betriebsgrößenklassen.[30] In Kleinbetrieben dominieren der Austausch über Verhalten, Disziplin, Leistungsstand und Lernschwächen der Auszubildenden sowie die Mitarbeit in Prüfungsausschüssen. Dagegen wurden einige Kooperationsformen, wie z. B. Kooperationen mit dem Ziel einer infrastrukturellen Verbesserung der Ausbildung, Aktivitäten von Lehrern und Ausbildern am jeweils anderen Lernort oder Aktivitäten, die eine gemeinsame Vorbereitung erfordern, kaum praktiziert. Größere Betriebe pflegen aufwendigere Kooperationsformen als kleinere Betriebe: etwa Betriebserkundungen von Lehrern und Schülern oder zeitliche und organisatorische Abstimmungen (vgl. Abbildung 10). Entsprechend wichtig wird es sein, den Schwerpunkt der Aktivitäten im Rahmen des Modellversuchs kobas verstärkt auf den bisher unterentwickelten Bereich der Kooperation von Berufsschulen und Klein- und Mittelbetrieben zu legen.

Abbildung 10: Kooperationsformen nach Betriebsgrößenklassen im Jahre 1996 aus Sicht bayerischer Betriebe[31]

Betriebsgrößenklassen Kooperationsformen	50–99	100–149	150–199	200–249	250–499	500–999	1000 und mehr
zeitliche und organisatorische Abstimmung	2	2	0	0	2	2	14
didaktisch-methodische Abstimmung	0	0	1	0	3	0	3
Projekte	0	0	1	0	3	2	11
Zusammenarbeit in Prüfungsausschüssen	4	3	5	3	9	13	41
gemeinsame Weiterbildung von Lehrern und Ausbildern	0	1	2	0	0	1	0
Betriebserkundungen durch Lehrer und Schüler	0	1	3	1	6	7	22

Betriebsgrößen-klassen Kooperationsformen	50–99	100–149	150–199	200–249	250–499	500–999	1000 und mehr
gemeinsame Mitarbeit in externen Arbeitskreisen	0	0	2	0	3	5	18
Durchführung gemeinsamer Veranstaltungen	0	1	2	1	4	1	11
Kooperation zur infrastrukturellen Verbesserung der Ausbildung	0	0	0	0	0	1	1
Austausch über Verhalten und Disziplin	4	1	5	2	15	9	37
gemeinsame Vorbereitung von Prüfungen	0	0	1	0	3	5	8
Austausch über Leistungsstand und Lernschwächen	5	3	5	2	12	1	36
gemeinsame Förderung/Beratung von Azubis	0	0	0	0	2	1	5
regelmäßige Arbeitstreffen zwischen Lehrern und Ausbildern	0	0	2	0	1	1	5
Aktivitäten von Ausbildern in Schulen	1	1	4	1	5	4	11
Aktivitäten von Lehrern in Betrieben	0	0	2	0	2	3	25

Diese Unterschiede im Kooperationsverhalten zwischen Klein- und Mittelbetrieben und Großbetrieben zeigen sich auch in einer ersten Bestandsaufnahme am Modellversuchsstandort Erlangen. Die Kooperationsaktivitäten zwischen Betrieben und Berufsschule stellen sich für die Betriebe differenziert nach Größenklassen heterogen dar. So finden Lernortkooperationen bei Klein- und Mittelbetrieben häufig nur dann statt, wenn es zu Problemen mit den Auszubildenden bei Disziplin- und Lernschwierigkeiten kommt. Auch der Austausch über Leistungsstand bzw. die Noten findet in unterschiedlichster Intensität statt: oft nur in telefonischen oder schriftlichen Kontakten. Die schriftlichen Kontakte finden zu Ausbildungsbeginn statt, um Wünsche der Betriebe anzumelden: z. B. nach hintereinandergelegten Berufsschultage, Zusammenfassung der Auszubildenden eines Betriebs in einer Klasse u. ä. Sonst sind die Kontakte mit der Berufsschule eher selten. Bei einigen Großbetrieben gibt es zwar weitergehende Kooperationen, allerdings sind die Versuche, Stoffinhalte bei Projekten abzusprechen, bisher meist langfristig wenig erfolgreich verlaufen.

Die Kontakte der Betriebe zu verschiedenen Berufsschulen in unterschiedlichen Berufsfeldern weisen dabei qualitative Differenzen auf. Ein Betrieb am Modellversuchsstandort Erlangen beschreibt diese Situation: „Die Auszubildenden aus dem Metall- und kaufmännisch-verwaltenden Bereich werden in einer Berufsschule beschult. Die technischen Zeichner und die Auszubildenden aus dem Elektrobereich gehen in eine andere Berufsschule. Während der Kontakt im Metallbereich intensiv gepflegt wird, findet im Elektrobereich und bei den technischen Zeichnern so gut wie kein Austausch statt. Lediglich einmal im Jahr bei der Vorstellung der Blockpläne. Im Metallbereich dagegen kommt es zu regelmäßigen Kontakten. Nach dem Probevierteljahr setzen sich z. B. die Ausbilder mit den Berufsschullehrern, die sich in dieser Zeit Notizen über den Auszubildenden gemacht haben, zusammen und geben eine Beurteilung ab. Jede Fehlzeit wird dem Betrieb in Form eines Schulblattes mitgeteilt. Durch den Einsatz dieses Mittels wurden die Fehlzeiten der Auszubildenden in der Berufsschule drastisch reduziert."

Im Hinblick auf Verhaltensänderungen der Akteure werden die Kooperationsbeziehungen im Jahr 1996 überwiegend positiv beurteilt. Besonders hervorgehoben wird das bessere Verständnis gegenüber dem Partner und seinen Problemen. Die Effektivität der bisherigen Kooperationsbeziehungen wird dagegen relativ skeptisch beurteilt; nur 17,5 Prozent der antwortenden Betriebe gehen davon aus, daß die Kooperationsaktivitäten viel zur Verbesserung der beruflichen Erstausbildung beigetragen haben. Für ungefähr die Hälfte der Betriebe haben sie immerhin noch „etwas" gebracht.

4.2.3 Probleme bei Kooperationen

Die Betriebe sehen das Hauptproblem bei Kooperationen darin, daß Lehrer den Betriebsalltag mit seinen Abläufen zuwenig kennen. Zum Teil wird der Grund dafür in einem Desinteresse der Lehrer an betrieblichen Belangen gesehen. Diese Beurteilung der Problemlage ist über alle Branchen hinweg gleich. Die geringe Zeit des Lehrpersonals für Kooperationen spielt auch eine große Rolle. Bei manchen Kooperationsformen, z. B. Betriebserkundungen von Lehrern und Schülern, wird aber davon ausgegangen, daß dort häufiger die Probleme im Zeitmangel der Ausbilder begründet sind. Die Haupthindernisse für Kooperationsaktivitäten werden also im Zeitmangel und in der Unkenntnis des dualen Partners gesehen.[32] Dies wird insgesamt fast gleichmäßig auf Ausbilder und Lehrer bezogen so dargestellt. Weiterhin wird der zu große organisatorische Aufwand von den Betrieben als wesentliches Hindernis genannt (vgl. Abbildung 11).

Abbildung 11: Probleme bei Kooperationen im Jahre 1996 aus Sicht bayerischer Betriebe (in Prozent)

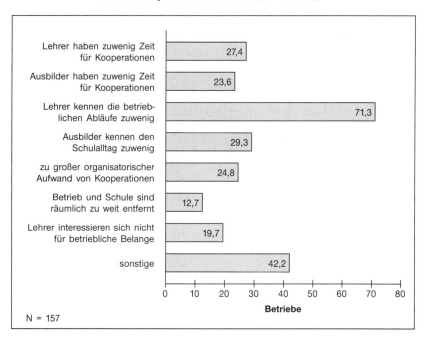

Für viele Betriebe gestaltet es sich schon schwierig, überhaupt den Kontakt mit der Berufsschule aufzunehmen. *Das zeigen Erfahrungen an verschiedenen Modellversuchsstandorten. Die Berufsschullehrer sind nur zu festgelegten Zeiten – in den Pausen – telefonisch erreichbar. Der Arbeitsablauf der Ausbilder ist nach den betrieblichen Abläufen gestaltet, was es in der Regel schwierig macht, die Pausenzeiten der Lehrer für Anrufe zu nutzen. Ein weiteres Problem besteht darin, daß die Lehrer nur über das zentrale Sekretariat erreichbar sind, d. h., das Gespräch muß weitervermittelt werden. Auch das kostet Zeit und führt nicht immer zum Ziel, da in den Pausenzeiten die Lehrkräfte häufig den nächsten Unterricht vorbereiten (z. B. Kopien erstellen, Tageslichtprojektor beschaffen etc.). Zudem sind die Telefone in den Pausenzeiten oft belegt, weil auch viele andere Ausbilder anrufen.*

Bei einem den Betrieben wichtigen Kooperationsthema, dem Austausch über Verhalten und Leistungen der Auszubildenden, werden deutlich mehr Probleme auf der Schulseite gesehen: Lehrer haben keine Zeit, kennen den Betriebsalltag wenig und interessieren sich dafür auch wenig. Allerdings wird gerade beim Austausch über den Leistungsstand, Lernschwächen und Noten der Auszubildenden auch wieder eingeräumt, daß die Ausbilder den Schulalltag ebenfalls zuwenig kennen. Insgesamt wird bei diesem Kooperationsthema der zu große organisatorische Aufwand kritisiert. Bezüglich der Probleme bei einzelnen Kooperationsformen aus Sicht der Betriebe fällt weiterhin auf, daß traditionelle Formen, wie z. B. die Zusammenarbeit zwischen Lehrern und Ausbildern in Prüfungsausschüssen, scheinbar wenig dazu geeignet sind, Vorurteile und die Unkenntnis über den dualen Partner abzubauen. Neue Kooperationsansätze sind hierfür besser und reduzieren diesen Problemkomplex (vgl. Abbildung 12).

Abbildung 12: Probleme bei Kooperationen im Jahre 1996 aus Sicht bayerischer Betriebe bezogen auf einzelne Kooperationsformen[33]

Probleme / Kooperationsformen	Lehrer haben zuwenig Zeit für Kooperationen	Lehrer haben kein Interesse an Kooperationen	Ausbilder haben zuwenig Zeit für Kooperationen	Lehrer kennen Betrieb zuwenig	Ausbilder kennen Schulalltag zuwenig	zu großer organisatorischer Aufwand von Kooperationen	Betrieb und Schule zu weit entfernt	Lehrer interessieren sich nicht für schulische Belange	geringe Unterstützung durch Betriebsleitungen	sonstige
zeitliche und organisatorische Abstimmung	8	5	12	13	4	3	3	4	0	8
didaktisch-methodische Abstimmung	3	1	2	5	3	3	0	3	1	3
Projekte	7	2	4	12	7	4	2	3	2	5
Vorträge von Ausbildern	3	1	3	6	0	1	1	0	0	3
Betriebspraktika für Lehrer	12	4	9	14	6	5	3	7	1	6
Zusammenarbeit in Prüfungsausschüssen	26	11	17	56	20	18	9	17	6	24
Teilnahme von Ausbildern an schulischen Veranstaltungen	7	4	7	11	5	3	1	4	0	11
Betriebserkundungen durch Lehrer und Schüler	11	6	13	28	4	7	4	9	2	9

Kooperationsbeziehungen in der beruflichen Erstausbildung in Bayern

Probleme / Kooperationsformen	Lehrer haben zuwenig Zeit für Kooperationen	Lehrer haben kein Interesse an Kooperationen	Ausbilder haben zuwenig Zeit für Kooperationen	Lehrer kennen Betrieb zuwenig	Ausbilder kennen Schulalltag zuwenig	zu großer organisatorischer Aufwand von Kooperationen	Betrieb und Schule zu weit entfernt	Lehrer interessieren sich nicht für schulische Belange	geringe Unterstützung durch Betriebsleitungen	sonstige
gemeinsame Mitarbeit in externen Arbeitskreisen	8	6	6	16	3	7	1	7	4	7
Durchführung gemeinsamer Veranstaltungen	6	4	3	13	3	7	3	9	1	6
Austausch über Verhalten und Disziplin	25	12	18	51	15	19	7	17	5	30
gemeinsame Vorbereitung von Prüfungen	5	3	7	15	3	5	2	3	0	5
Austausch über Leistung und Lernschwierigkeiten	25	10	21	50	18	22	9	17	5	25
gemeinsame Förderung/Beratung von Azubis	3	1	4	6	1	2	2	2	0	4
regelmäßige Arbeitstreffen (Lehrer/Ausbilder)	4	1	2	6	2	4	0	4	1	6

4.2.4 Zukunft der Kooperationen

Das Spektrum der von den Ausbildungsbetrieben geplanten oder gewünschten Kooperationsaktivitäten ist breit gestreut. Das heißt, es gibt nur wenige Formen der Zusammenarbeit, die von vielen Betrieben gewünscht werden. Was an Planungen und Wünschen für zukünftige Kooperationen besteht, weist über die bestehende Praxis (Kooperation in den Prüfungsausschüssen mit den Lehrern, Austausch über Leistungsstand und Lernschwächen von Auszubildenden etc.) hinaus. Die Betriebe wollen mit neuen Formen die bestehenden Kooperationen ergänzen, und zwar in der Hauptsache deswegen, weil die heutigen Kooperationsstrukturen meistens einen großen organisatorischen Aufwand erfordern. Da aber Lehrer und häufig auch Ausbilder wenig Zeit zur Verfügung haben, ist eine Veränderung der organisatorischen Rahmenbedingungen von Kooperationen nötig. Sie sollten so gestaltet sein, daß sich der zeitliche Aufwand vermindert und gleichzeitig eine größere Effektivität erreichbar ist.[34] Deshalb wird der gemeinsamen zeitlichen und organisatorischen Abstimmung von Ausbildungs- und Unterrichtsinhalten, den Betriebspraktika für Lehrer sowie regelmäßigen Arbeitstreffen zwischen Lehrern und Ausbildern eine hohe Bedeutung beigemessen (vgl. Abbildung 13).

Abbildung 13: Perspektiven für den Ausbau der Kooperationsaktivitäten mit Berufsschulen aus Sicht bayerischer Betriebe (in Prozent)

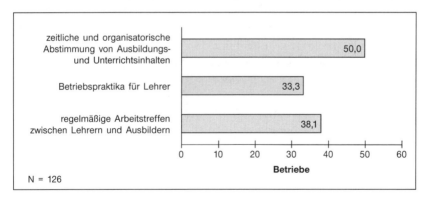

In manchen Bereichen gibt es Zusammenhänge zwischen den bisher praktizierten Kooperationen und dem geplanten oder gewünschten Ausbau von Kooperationsaktivitäten:

- Alle antwortenden Betriebe, die Schulpraktika für Ausbilder anstreben, haben 1996 einen Austausch über das Verhalten und die Disziplin ihrer Auszubildenden mit den Berufsschulen praktiziert. Dieser Austausch scheint zu der Erkenntnis zu führen, daß die Disziplin und das Verhalten der Auszubildenden nur über eine zeitweilige Anwesenheit der Ausbilder in der Berufsschule zu verbessern ist. Die Gemeinsamkeit der Lernorte in den Ausbildungszielen läßt sich so den Auszubildenden demonstrieren; gleichzeitig steigt die Kenntnis des Schulalltags bei den Ausbildern.

- Alle antwortenden Betriebe, die Kooperationen mit dem Ziel einer infrastrukturellen Verbesserung der Ausbildung, Vorträge von Ausbildungsfachleuten aus Ausbildungsbetrieben in Berufsschulen und eine gemeinsame Förderung und Beratung von Auszubildenden planen oder wünschen, haben 1996 mit Berufsschulen einen Austausch über die Leistungen und den Leistungsstand ihrer Auszubildenden mit den Berufsschulen gepflegt. Dieser Austausch führt also dazu, daß weitergehende Kooperationen als Notwendigkeit für die duale Ausbildung begriffen werden.

Viele Betriebe sehen in einer schnelleren Aktualisierung von Ausbildungsinhalten, der Findung neuer Formen der Zusammenarbeit, einer verbesserten Abstimmung zwischen schulischen und betrieblichen Ausbildungsinhalten, mehr Projektarbeit, einer größeren Praxisnähe von Berufsschulen, mehr Aktivitäten von Ausbildern in Schulen und Lehrern in Betrieben sowie einer verbesserten Kontaktpflege Voraussetzungen für verbesserte Kooperationen mit Berufsschulen (vgl. Abbildung 14): *„Die Koordination von Projekten und der Weiterbildung von Ausbildern kann die Kooperation verbessern. In den Betrieben könnten Anregungen von ‚außen' dazu beitragen, über das Tagesgeschäft hinauszuschauen."*

Abbildung 14: Mögliche Maßnahmen zur Verbesserung von Kooperationen im duale System aus Sicht bayerischer Betriebe (in Prozent)

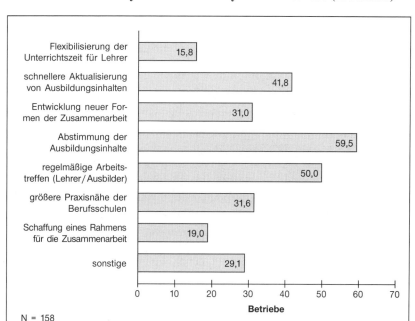

Ein Betrieb am Standort München des Modellversuchs kobas wünscht sich eine Institutionalisierung der Kooperationsbeziehungen. Die Aktivitäten sollen sich zuerst darauf konzentrieren, einen regelmäßigen Informationsaustausch innerhalb eines Arbeitskreises Berufsschule/Betrieb zu realisieren. In einem weiteren Schritt ist eine kontinuierliche Abstimmung von Rahmenlehrplan/Ausbildungsordnung/Ausbildungsplan gewünscht. Darüber hinaus besteht Diskussionsbedarf bezüglich der Doppelvermittlung bestimmter Inhalte (Sozialkundethemen, die schon in der allgemeinbildenden Schule abgedeckt wurden, Überprüfung und Diskussion bestimmter Stundenanteile). Über den Arbeitskreis hinaus sollen Möglichkeiten einer schnelleren Kontaktaufnahme erörtert werden, um auftretende Defizite auszugleichen: Tauchen z. B. mathematische Schwierigkeiten auf, könnte das Unternehmen mit einer längeren Verweildauer in der Rechnungsabteilung reagieren. Vor Ablauf der Probezeit wünscht sich das Unternehmen eine Beurteilung des Auszubildenden durch die Berufsschullehrer. Neben diesen Themen ist das Unternehmen an den Erfahrungen

anderer Betriebe interessiert, um diese für sich selbst nutzbar zu machen. Das Unternehmen ist bereit, Betriebsbegehungen durch Berufsschüler und Lehrer zu ermöglichen.

Aus betrieblicher Sicht zeichnen sich vor allem folgende Tendenzen und Notwendigkeiten für den Ausbau und die Zielsetzung der Kooperationsaktivitäten mit Berufsschulen ab:

- *Abstimmungsprozesse verbessern:* Viele Betriebe, die sich 1996 mit Berufsschulen über Verhalten, Disziplin, Noten und Leistungen ihrer Auszubildenden austauschten, wollen zu einer zeitlichen und organisatorischen Abstimmung von Ausbildungs- und Unterrichtsinhalten übergehen. Dies trifft insbesondere auf Großbetriebe aus der Metall- oder Elektrobranche zu. Der Ausbau der zeitlichen und organisatorischen Abstimmung von Ausbildungs- und Unterrichtsinhalten setzt nach Ansicht vieler Betriebe eine verbesserte Kontaktpflege durch regelmäßige Arbeitstreffen, eine praxisnahe Lehrerfortbildung, die zur ständigen Aktualisierung und größeren Praxisnähe ihres Wissens beiträgt, und eine Flexibilisierung der Unterrichtszeit von Lehrern voraus. Diese Kooperationsform wird als Optimierungsstrategie für Kooperationen begriffen, denn vor allem Betriebe, die Zeitprobleme oder zu große räumliche Distanzen als Kooperationshindernisse identifizierten, wollen diese Form in Zukunft verstärkt praktizieren. Hinsichtlich der Verbesserung von Abstimmungsprozessen formuliert ein Betrieb: „*Lerninhalte der Berufsschule und der Betriebe bzw. der Prüfungen müssen besser aufeinander abgestimmt werden (z. B. im Fach Wirtschafts- und Sozialkunde).*" Hier ergeben sich deutliche Entwicklungsmöglichkeiten im Sinne von kobas.
- *Unkenntnis durch Verbesserung der Information und Kommunikation abbauen:* Neben besseren Abstimmungsprozessen in regelmäßigen Arbeitstreffen sollen vor allem Betriebspraktika Lehrern eine größere Kenntnis der betrieblichen Abläufe, Probleme und Bedürfnisse vermitteln, da hier viele Berufsschullehrer Defizite haben: „*Berufsschullehrer sollen auch betriebliche Erfordernisse kennen und mit theoretischem Wissen verknüpfen*", oder ein anderer Betrieb: „*Öfters Kommunikation zwischen Lehrern und Ausbildern, um eine Beziehungsebene zu schaffen.*" Besonders Betriebe der Metallbranche und Großbetriebe wollen in Zukunft verstärkt Betriebspraktika für Berufsschullehrer anbieten und durchführen. Ein Betrieb formuliert diese Aufgabenstellung: „*Bessere Information über schulische Ausbildungsinhalte auch auf Gegenseitigkeit (Arbeitstreffen). Eventuell auch Schulpraktika für Ausbilder.*" Danach hat auch die Ausbilderseite einen Bedarf an Praktika.

- *Institutionalisierung vorantreiben:* Die beschriebenen Kooperationsinhalte können aus Sicht der Betriebe in regelmäßigen Arbeitstreffen von Lehrern und Ausbildern erarbeitet und entwickelt werden. Dies wird von ca. 38 Prozent der antwortenden Betriebe befürwortet. Damit bestehen von seiten der Betriebe gute Voraussetzungen für eine Institutionalisierung von Kooperationsbeziehungen. Dafür spricht auch, daß etwa 80 Prozent der antwortenden Betriebe mehr Informationen zu kobas haben wollen und sogar fast 30 Prozent an kobas teilnehmen möchten. Ein Beleg, daß bei den meisten Betrieben ein starkes Interesse an der Intensivierung und Umstrukturierung der derzeitigen Kooperationsbeziehungen besteht. Allerdings scheinen die Bedürfnisse der Betriebe unterschiedlich zu sein. Kleinbetriebe möchten z. B. auch in Zukunft vor allem den Austausch über das Verhalten, die Disziplin, Lernschwächen und den Leistungsstand der Auszubildenden ausbauen. Eine Kooperationsform, die in Großbetrieben heute schon oft alltäglich ist. Deshalb wird die Beratung von Klein- und Mittelbetrieben in Fragen einer gemeinsamen Fortentwicklung von bestehenden Kooperationen mit den Berufsschulen wünschenswert und notwendig sein. Neue Formen der Zusammenarbeit zwischen Ausbildungsbetrieben und Berufsschulen, die einen verbindlichen Rahmen für die Kooperation von Ausbildern und Lehrern schaffen, sind besonders für zeitliche und organisatorische Abstimmungsprozesse und die Projektarbeit aus Sicht der Betriebe geboten, aber auch für den Austausch über Verhalten, Disziplin und Leistung der Auszubildenden in regelmäßigen Arbeitstreffen von Ausbildern und Lehrern.

- *Grundlegende Kooperationsformen entwickeln:* Größere Betriebe, die jetzt schon mehr als kleinere Betriebe aufwendigere Kooperationsformen praktizieren, möchten diese weiter ausbauen. Bei Kleinbetrieben geht es demgegenüber häufig noch darum, überhaupt die elementarsten Austauschformen über das Verhalten und die Leistung der Auszubildenden aufzubauen. Hier werden zusätzlich neue Formen von lokaler Vernetzung und Partnerschaft von den Betrieben selbst untereinander entwickelt werden müssen.

- *Flexibilität erhöhen:* Aus Sicht der Betriebe ist die Flexibilisierung der Unterrichtszeit für Lehrer eine Voraussetzung für die Verbesserung vieler bestehender Kooperationsformen (z. B. beim Austausch über das Verhalten der Auszubildenden). Darüber hinausgehend wird von einigen Betrieben eine Flexibilität der Berufsschulen gewünscht, die größere Freiräume unterstellt: „Mehr Kompetenz für die Schulleitungen, weniger Einflußnahme durch das Kultusministerium." Die Betriebe projizieren dabei ihre eigenen betrieblichen Reorganisations- und Modernisierungsvorstellungen wie Flexibilisierung und Dezentralisierung auf ihren Partner im dualen System. Die Ziele zukünftiger Kooperationen bestehen also aus betrieblicher Sicht im wesentlichen in der Vermeidung von Doppelarbeit und einer größeren Aktualität der Ausbildung. Dafür werden flexible Rahmenbedingungen und institutionalisierte Kooperationsstrukturen als notwendig angesehen.

4.2.5 Vorschläge zur Umgestaltung des dualen Systems

Viele Betriebe sehen keine Notwendigkeit zur Veränderung des dualen Systems der Berufsbildung. Doch auch bei vielen, die Veränderungswünsche haben, besteht eine prinzipielle Zustimmung zum dualen System: *„Wir halten das duale System für o. k. Verbesserungen sind sicherlich erforderlich, eine Abschaffung ist nicht sinnvoll";* ein anderer Betrieb stellt fest: *„Wenn man die Bandbreite der Möglichkeiten nutzt, ist eine grundsätzliche Umgestaltung nicht erforderlich."* Ein weiterer Betrieb drückt seine positive Einschätzung des dualen Systems so aus: *„Das duale System soll nicht geändert werden."* Ausbilder und Ausbildungsverantwortliche in den Betrieben haben also zur Umgestaltung des dualen Systems oft eine defensive und strukturkonservative Haltung. Diese erklärt sich aus ihrer eigenen Verortung im System. Sie beziehen ihre berufliche Identität aus ihrer Stellung im Berufsausbildungssystem. Deshalb kann man aus diesen Ergebnissen nicht bruchlos auf eine prinzipielle Abneigung gegen Reformen schließen, sondern man muß sie zunächst als einen Versuch der Absicherung der eigenen Position interpretieren. Nicht Widerstände gegen Reformen, sondern Befürchtungen eines möglichen Rationalisierungsschubs sind für diese Einstellungen verantwortlich. Diese Strukturen und Argumentationen spiegeln sich auch in den konkreten Veränderungswünschen und -vorschlägen wider (vgl. Abbildung 15):

- Von den Betrieben wird eine größere Praxisnähe des Unterrichts, d. h. auch eine verbesserte Verbindung von Theorie (Lehrpläne) und Betriebspraxis (Ausbildungsordnung/-pläne), gewünscht:[35] *„Lehrpläne besser mit Betriebspraxis abstimmen."* Gerade im kaufmännischen Bereich bestehen nach Einschätzung der Betriebe, die an kobas teilnehmen, erhebliche Probleme mit der theoretischen Ausbildung. Die Theorie, die die Berufsschule vermittelt, ist nicht vom betrieblichen Alltag geprägt. *„Die Berufsschule bekommt nicht einmal mit, daß kaufmännische Abteilungen umorganisiert werden, weil sie personell nicht in der Lage ist, immer auf dem neuesten Stand zu sein",* kritisiert

z. B. ein am Modellversuch beteiligter Betrieb. Außerdem wird häufig von Betrieben an den Modellversuchsstandorten bemängelt, daß eine „richtige" Zusammenarbeit, was sich auf ein ausgewogenes Verhältnis von Theorie und Praxis bezieht, weitgehend fehlt. *Die Auszubildenden sind deshalb häufig nicht dazu in der Lage, das theoretisch Erlernte in der Praxis umzusetzen. Daraus folgt, daß auch der Transfer des theoretisch vermittelten Stoffes in der Berufsschule besser werden muß.* Ein Grund für dieses Problem liegt sicherlich darin, daß das didaktische Handeln vieler Lehrer an Berufsschulen noch immer durch eine fachsystematische Wissensvermittlung geprägt ist, die sich nur wenig an den betrieblichen Erfahrungen der Auszubildenden orientiert. Lernen und Lehren an Berufsschulen ist häufig von Schulbüchern bestimmt (vgl. Pätzold 1997, S. 6).

- Viele Betriebe wünschen sich eine stärkere Ausrichtung der Ausbildung an ihren spezifischen Interessen. Eine bessere Abstimmung und stärkere Koordination von Aufgaben, Prüfungen und Ausbildungsinhalten (z. B. zwischen Lehr- und Ausbildungsplänen) soll dafür ein Mittel sein.

- Eine Reduzierung des Berufsschulunterrichts soll durch mehr Praxis und weniger Theorie in der beruflichen Erstausbildung erreicht werden. Konkret lautet diese Vorstellung: weniger Schultage bzw. keine Ausweitung des Berufsschulunterrichts, aber mehr Ausbildungszeit in den Betrieben. Ein Betrieb formuliert dies so: „*Kürzung des Berufsschulunterrichtes auf einen Tag pro Woche durch Konzentration auf die schulischen Kernfächer (Prüfungsfächer)."* Die Position eines anderen Betriebs: „*Stundenzahl des Berufsschulunterrichtes reduzieren. Auch den Rahmenstoffplan. Die Anwesenheit im Betrieb ist zu gering."* Ein weiterer Betrieb fordert: „*Reduzierung der Berufsschulzeiten analog zum Rückgang der Ausbildungszeiten im Betrieb (von 40 zu 35 Stunden pro Woche), z. B. durch Wegfall von Religion und Sport."* Auch einige Unternehmen an den Modellversuchsstandorten von kobas vertreten die Forderung, daß der zweite Berufsschultag gestrichen werden soll. Von vielen wird auch eine *Entfrachtung des theoretischen Stoffplans und die Streichung der Fächer Sport und Religion* gewünscht. Diese durchaus typischen Argumente von Betriebsseite sind allerdings etwas kurzsichtig; denn auf der anderen Seite wird der Werteverlust bei den Auszubildenden beklagt und eine Verbesserung der Sozialqualifikationen bzw. Schlüsselqualifikationen gefordert. Von daher wäre es problematisch, gerade solche Fächer ersatzlos zu streichen, die sich um die Wertevermittlung oder Sozialqualifikationen bemühen.

- Eine schnellere Aktualisierung von Ausbildungsinhalten, Lehrplänen und Technik an Berufsschulen wird grundsätzlich im Rahmen der bestehenden Berufsbilder gewünscht. Dabei werden flexiblere Reaktionen auf die Entwicklungen des Arbeitsmarktes, der Wirtschaft und neue betriebliche Handlungsstrategien erwartet: *„Ausbildungsbilder und -inhalte öfters überarbeiten, z. B. Industriekaufmann von 1971 ohne EDV." Auch die Kritik der am Modellversuch kobas beteiligten Betriebe an den Berufsschulen liegt auf dieser Linie. Ein Unternehmen am Standort München kritisiert hauptsächlich die Doppelvermittlung von Stoffinhalten, die einseitige Ausrichtung des Unterrichts, den Wegfall prüfungsrelevanten Stoffs: Zum Beispiel wurde EDV in der Berufsschule nicht unterrichtet. Weiterhin wird vom Unternehmen gewünscht, daß in den Rahmenlehrplan „Schreibmaschinenunterricht" aufgenommen wird. Das Beherrschen des „Zehn-Finger-Systems" ist eine Voraussetzung im Beruf und sollte deshalb Bestandteil des Lehrplans sein. Von einem anderen am Modellversuch beteiligten Betrieb wird zwar der Deutschunterricht als grundsätzlich wichtig anerkannt, jedoch wünscht sich der Betrieb einen praxisnäheren Deutschunterricht, der auf die spezifischen Tätigkeiten des späteren Facharbeiters reflektiert. Die Auszubildenden müssen zwar keine Rechnungen, Bestellungen usw. schreiben, aber zum „Ausfüllen der Stundenzettel" sollten sie mindestens befähigt werden.*

Alle Vorschläge sollen in einer Optimierung der Ausbildung münden. Dazu gehört z. B. der Zeitaufwand für die Ausbildung, die Reduzierung von Ausbildungszeiten und eine gemeinsame Ressourcennutzung. In Stichworten: effektiver, effizienter und flexibler soll die Ausbildung werden. Solche Vorschläge zur Umgestaltung des dualen Systems drücken ein eher traditionelles Verständnis des dualen Systems bei Betrieben und Ausbildern aus. Ihre Vorschläge und die Argumentationen, auf denen sie beruhen, sind insofern noch nicht wirklich innovativ, als sie auf die Abmilderung von Problemen ausgerichtet sind. Betriebe und Ausbilder befürworten das bestehende System und wollen darin ihre eigene Funktion und Stellung absichern bzw. stärken. Während ihre Position bleiben soll, wie sie ist, soll sich allenfalls der Partner, d. h. die Berufsschule, ändern. Ein differenzierterer Standpunkt gegenüber dem dualen Partner wird nur hinsichtlich einer stärkeren Berücksichtigung von Leistungen bzw. Noten der Berufsschulen bei Prüfungen vertreten.

Abbildung 15: Vorschläge bayerischer Betriebe zur Umgestaltung des dualen Systems der Berufsausbildung (in Prozent)

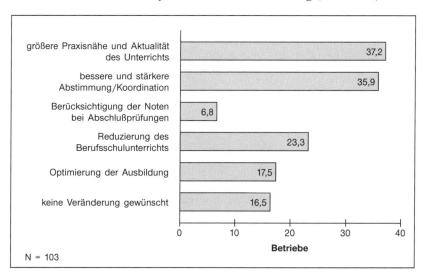

Allerdings ergeben sich bei den befragten Betriebe teilweise Differenzierungen in der Einstellung zum Umbau des dualen Systems der Berufsausbildung, wenn Betriebsgrößenklassen und Branchen berücksichtigt werden.[36] Die größeren Betrieben wollen vor allem eine bessere und stärkere Abstimmung der Ausbildungsinhalte zwischen Berufsschule und Betrieb. Davon versprechen sie sich meistens eine Optimierung des Zeitaufwandes für die Ausbildung. Hier ergibt sich für kobas ein Ansatzpunkt, weil nicht nur der Zeitaufwand beklagt, sondern damit gerechnet wird, daß Kooperationen sich auch zeitsparend auswirken. Unter einer Optimierung der Ausbildung stellen sich allerdings viele Großbetriebe auch eine Reduzierung des Berufsschulunterrichts vor (vgl. Abbildung 16).[37] Dies entspricht auch den Vorschlägen zur Umgestaltung des dualen Systems, die aus den Branchen kommen, vor allem von Großbetrieben der Metall- und Elektrobranche. In der Elektrobranche scheint die Unzufriedenheit mit der gegenwärtigen Situation des dualen Systems am größten zu sein. Hier bestehen aber deshalb vielleicht auch die meisten Entwicklungsmöglichkeiten zur Implementierung von Innovationen. Speziell im Maschinenbau scheint es einen besonderen Bedarf an verbesserten Abstimmungsprozessen zu geben, der höher als in anderen Branchen ist (vgl. Abbildung 17).

Abbildung 16: Vorschläge bayerischer Betriebe zur Umgestaltung des dualen Systems der Berufsausbildung nach Betriebsgrößenklassen[38]

Vorschlag / Betriebsgröße	größere Praxisnähe des Unterrichts	bessere Abstimmung/ Koordination	Berücksichtigung der Berufsschulleistungen in Abschlußprüfungen	Reduzierung des Berufsschulunterrichts	bessere Information der Betriebe über Berufsschule	Blockunterricht abschaffen/ reduzieren	Optimierung der Ausbildung	schnellere Aktualisierung von Ausbildungsinhalten	keine Veränderungen gewünscht bzw. nötig
1–9	0	0	0	0	0	0	0	1	0
10–49	0	0	0	1	1	0	0	0	0
50–99	1	3	0	1	1	1	0	0	2
100–149	1	1	0	1	0	0	1	1	0
150–199	2	2	0	0	0	0	0	0	3
200–249	1	2	0	0	1	0	0	0	2
250–499	1	6	0	5	3	2	4	3	4
500–999	2	6	1	1	0	1	3	1	4
1000 und mehr	3	15	5	13	0	5	9	7	2

Abbildung 17: Vorschläge bayerischer Betriebe zur Umgestaltung des dualen Systems der Berufsausbildung nach Branchen[39]

Vorschläge / Branche	größere Praxisnähe des Unterrichts	bessere Abstimmung/ Koordination	Berücksichtigung der Berufsschulleistungen in Abschlußprüfungen	Reduzierung des Berufsschulunterrichts	bessere Information der Betriebe über Berufsschule	Blockunterricht abschaffen/ reduzieren	Optimierung der Ausbildung	schnellere Aktualisierung von Ausbildungsinhalten	keine Veränderungen gewünscht bzw. nötig
Eisen- und Metallerzeugung, -verarbeitung, Schlosserei, Schmiederei	2	3	0	6	2	3	0	1	6
Maschinenbau, Fahrzeugbau, Stahlbau, Kfz-Handwerk	4	14	5	10	1	4	7	1	6
Elektrotechnik	4	9	1	5	1	1	5	6	2
sonstige	7	12	2	3	4	2	7	6	7

4.3 Sichtweisen der Berufsschulen

4.3.1 Strukturdaten der Berufsschulen

Im Schuljahr 1996/97 gab es 191 Berufsschulen in Bayern[40] mit 267 545 Schülern in 12 075 Klassen, die von 7 200 Lehrern unterrichtet wurden.[41] Die durchschnittliche Schülerzahl je Klasse war 22,2 und die wöchentlich erteilte Anzahl von Unterrichtsstunden 13,7. Insgesamt wurden 165 414 Unterrichtsstunden wöchentlich erteilt (Bayerisches Staatsministerium 1998).

Die Antworten der Berufsschulen auf unsere Umfrage erlauben aufgrund des hohen Rücklaufs repräsentative Aussagen über die Aktivitäten und Einschätzungen bezogen auf das Schuljahr 1995/96. Es antworteten 175 der damals 193 bayerischen Berufsschulen. Das sind über 90 Prozent. Dadurch wurde eine gleichmäßige regionale Streuung in allen Regierungsbezirken erreicht (Oberbayern, Mittelfranken, Niederbayern, Unterfranken, Oberpfalz, Schwaben und Oberfranken). Die Berufsschulen haben eine Schülerzahl zwischen 38 und 3 438. Damit wurden nicht nur Schulen aller Größenklassen erfaßt, sondern sowohl monostrukturierte als auch solche mit mehreren Berufsfeldern. Da es im Jahre 1993 in Deutschland 1 843 Berufsschulen gab (vgl. Zedler 1996 b, S. 219), liegen damit Ergebnisse von knapp 10 Prozent der Berufsschulen in der Bundesrepublik Deutschland vor.

4.3.2 Kooperationsbeziehungen im Schuljahr 1995/96

Weit über 90 Prozent der Berufsschulen kooperierten im Schuljahr 1995/96 mit Ausbildungsbetrieben. An 71 Prozent der Berufsschulen fand der Kontakt in Form persönlicher Gespräche statt. Am meisten kooperieren die Lehrer mit den Ausbildern in Prüfungsausschüssen. Eine große Bedeutung hat außerdem der Austausch über Verhalten, Disziplin, Leistungsstand und Lernschwächen von Auszubildenden, dicht gefolgt von Betriebspraktika für Lehrer sowie Betriebserkundungen von Schülern und Lehrern. Bei etwa einem Drittel der Berufsschulen findet auch eine gemeinsame Förderung bzw. Beratung von Auszubildenden statt. Seltener kommen gemeinsame Fortbildungen von Lehrern und Ausbildern vor (vgl. Abbildung 18). Dies ist in allen Berufsfeldern ungefähr gleich ausgeprägt. Nur in den kleinen Berufsfeldern Drucktechnik und Chemie haben Kooperationen mit dem Ziel einer infrastrukturellen Verbesserung der Ausbildung eine relativ höhere Bedeutung als in anderen Berufsfeldern.

Abbildung 18: Kooperationsaktivitäten bayerischer Berufsschulen mit Ausbildungsbetrieben im Schuljahr 1995/96 (in Prozent)

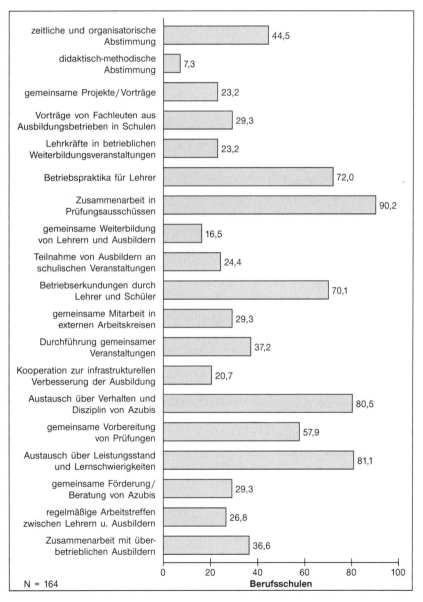

Zwar kooperieren fast die Hälfte der Berufsschulen in Fragen der zeitlichen und organisatorischen Abstimmung von Ausbildungs- und Unterrichtsinhalten mit den Ausbildungsbetrieben; hinsichtlich der didaktisch-methodischen Abstimmung von betrieblicher Ausbildung und schulischem Unterricht tun dies aber weniger als 10 Prozent.

Aus Sicht der Berufsschulen wurden diese Kooperationsaktivitäten überwiegend von Lehrern und Schulleitern initiiert. Im Verhältnis dazu wird die Initiativfunktion der Betriebsseite als relativ gering beurteilt. Die Betriebe sehen dies etwas anders.

Über 80 Prozent der Berufsschulen kennen regionale Arbeitskreise oder Gremien, in denen es zu regelmäßigen Treffen von Ausbildern und Lehrern kommt. Diese beziehen sich jedoch in ihrer Arbeit nur selten direkt auf Fragen der Kooperation zwischen Berufsschulen und Ausbildungsbetrieben. In der Hauptsache handelt es sich um Prüfungsausschüsse. Andere institutionalisierte Kooperationsstrukturen gibt es nur ansatzweise.

Die Ziele dieser Kooperationen werden von den Berufsschulen vor allem in einer besseren und stärkeren Abstimmung und Koordination von Aufgaben und Ausbildungsinhalten (z. B. zwischen Lehr- und Ausbildungsplänen) zwischen Berufsschulen, Betrieben und überbetrieblichen Ausbildungsstätten gesehen. Dabei soll es u. a. um die Vermeidung von „Überschneidungen" bei der theoretischen Stoffvermittlung[42] und eine bessere Qualifizierung der Auszubildenden (z. B. Ausbau von Schlüsselqualifikationen wie Teamfähigkeit, Eigeninitiative etc.) gehen, auch um bessere Prüfungsergebnisse zu erzielen (z. B. durch größere Sorgfalt bei der Bewertung von Prüfungsleistungen). Darüber hinaus sollen Kooperationen einen Beitrag zum größeren Verständnis für die Ziele und Methoden des dualen Partners leisten. Viele Berufsschulen versprechen sich davon vor allem eine größere Würdigung ihrer Leistungen für die Berufsausbildung oder eine Verbesserung des Ansehens der Berufsschule in Wirtschaft und Öffentlichkeit. Durch den Abbau von Vorurteilen könnte ein höheres Interesse der Ausbilder an den Berufsschulen erreicht werden. Demgegenüber spielt eine schnellere Aktualisierung des Wissens der Lehrer über neue betriebliche Entwicklungen oder insgesamt eine größere Aktualität der Ausbildungsinhalte eher eine untergeordnete Rolle (vgl. Abbildung 19).

Abbildung 19: Ziele der Kooperationsaktivitäten von bayerischen Berufsschulen mit Ausbildungsbetrieben aus Sicht der Berufsschulen (in Prozent)

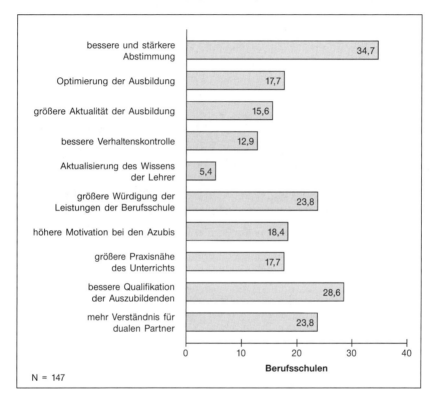

Die Kooperationsbeziehungen im Schuljahr 1995/96 werden im Hinblick auf die Erreichung dieser Ziele überwiegend positiv beurteilt. Insbesondere die Verhaltensänderungen der kooperierenden Akteure werden hervorgehoben. Als herausragendes Resultat wird das bessere Verständnis für den dualen Partner und seine Probleme und Zwänge genannt. Weiterhin ließ sich eine größere Anerkennung der Arbeit der Berufsschulen durch die Betriebe verzeichnen. Die Kooperationen zwischen Ausbildungsbetrieben und Berufsschulen hatten jedoch auch direkte Auswirkungen auf die Auszubildenden. Über 13 Prozent der Berufsschulen geben an, daß durch Kooperationen eine höhere Motivation und größere Disziplin bei den Auszubildenden erreicht wurde (vgl. Abbildung 20). Dies hat allerdings maßgeblich mit den Kooperationsinhalten zu tun, denn das Verhalten und die Disziplin der Auszubildenden ist derzeit noch immer eines der Hauptthemen in der Zusammenarbeit von Ausbildungsbetrieben und Berufsschulen (vgl. Abbildung 18).

Abbildung 20: Veränderungen durch Kooperationsaktivitäten im Schuljahr 1995/96 aus Sicht der Berufsschulen (in Prozent)

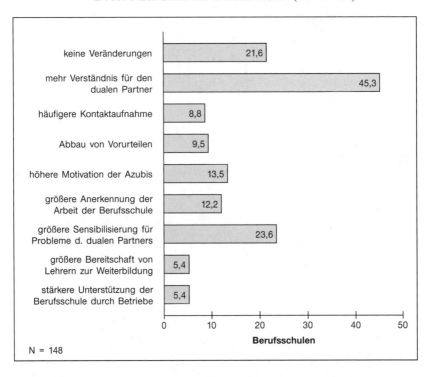

Die Effektivität der bisherigen Kooperationsbeziehungen wird dagegen eher relativ skeptisch beurteilt, auch wenn etwa ein Drittel der Berufsschulen davon ausgeht, daß die Kooperationsaktivitäten viel zur Verbesserung der beruflichen Erstausbildung beigetragen haben. Besonders regelmäßige Arbeitstreffen, die sich der Projektarbeit widmen, sind nach Einschätzung der Akteure auf der Schulseite eine effektive und effiziente Kooperationsform. Für über die Hälfte der Berufsschulen haben aber Kooperationen immerhin „etwas" gebracht. Die Zusammenarbeit zwischen Betrieben und Berufsschulen wird von nahezu allen Berufsschulen als wichtig bis sehr wichtig für die duale Berufsausbildung eingeschätzt.

Besonders bei Kooperationen, die sich auf den Leistungsstand, Lernschwächen, die Disziplin und das Verhalten der Auszubildenden beziehen, lassen sich positive Auswirkungen identifizieren. Nach Ansicht vieler Berufsschulen haben sie vor allem zwei Effekte:

- Sie wecken das Interesse an der Situation und der Arbeit des dualen Partners. Insofern werden auch Betriebspraktika für Berufsschullehrer oder deren Einbindung in betriebliche Weiterbildungsveranstaltungen gewünscht.
- Sie sensibilisieren für intensivere, d. h. inhaltlichere Kooperationsformen, wie z. B. die Projektarbeit.

4.3.3 Probleme bei Kooperationen

Ungefähr die Hälfte aller Berufsschulen sieht die Hauptprobleme bei der Initiierung und Durchführung von Kooperationsaktivitäten mit Ausbildungsbetrieben in den dafür zur Verfügung stehenden knappen zeitlichen Ressourcen auf der einen und dem organisatorischen Aufwand auf der anderen Seite. Letzterer ist teilweise durch große räumliche Distanzen zwischen Berufsschulen und Ausbildungsbetrieben (verschärft noch durch die Vielzahl von Betrieben), teilweise durch starre Rahmenbedingungen verursacht. Diese bedingen nach Auffassung der Berufsschulen auch eine Unkenntnis des Schulalltags bei den Ausbildern.

Daß die Berufsschulen besonders den organisatorischen Aufwand von Kooperationen als Hindernis für deren Realisierung einschätzen, liegt weniger an einem zu hohen Verwaltungsaufwand als an ihren fehlenden Ressourcen. Den Zeitmangel schätzen die Berufsschulen bei Ausbildern, aber auch bei Lehrern als gravierend ein: *„Bei allen Kooperationsaktivitäten der Vergangenheit war die Freistellung der Berufsschullehrer von ihrer Unterrichtsverpflichtung schwierig. Hinzu kommt, daß viele Lehrer bereits bis an die Grenze ihrer Kapazität ausgelastet* sind. Eine Ausweitung der Kooperation z. B. auf die Erarbeitung und Durchführung von Projekten zusammen mit Betrieben könnte die Belastungsgrenzen sprengen." Von diesem Standpunkt aus ist es für die Berufsschulseite logisch und sachgerecht, wenn sie die Anrechnung der Arbeitszeit für Kooperationen auf das Stundenkontingent der Lehrer als eine Voraussetzung für verbesserte Kooperationen benennt (vgl. Abbildungen 21 und 22).[43]

Abbildung 21: Probleme bei Kooperationen im Schuljahr 1995/96 aus Sicht der Berufsschulen (in Prozent)

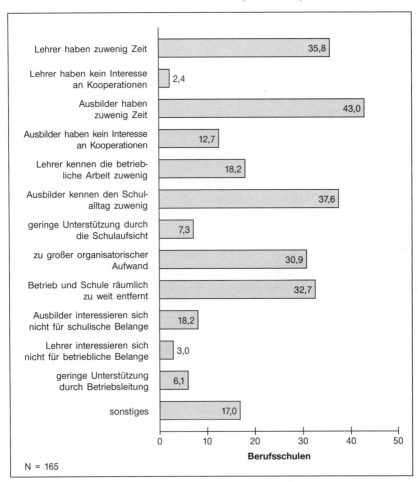

Viele Berufsschulen meinen auch, daß die Berufsausbildung zu stark an den wirtschaftlichen Interessen der Betriebe orientiert ist. Daher begründe sich das häufig geringe Interesse der Betriebe an der Berufsschule und an Kooperationen oder genauer daran, zeitliche Ressourcen für Kontakte und Kooperationsformen aller Art zur Verfügung zu stellen.

Bei der Identifizierung von Kooperationshindernissen zeigt sich eine „Vorurteilsstruktur" bei den Akteuren in den Berufsschulen. Sie drückt sich z. B. darin aus, daß Berufsschulen häufig davon ausgehen, daß die Ausbilder bzw. Betriebe Kooperationen verhindern.[44] Dagegen werden Hindernisse auf Berufsschulseite bzw. bei den Lehrern, ihren Einstellungen und Verhaltensweisen seltener ausgemacht. *„Solange die Initiative von den Lehrern ausgeht, geht es voran! Geschieht von der Lehrerseite nichts, stagniert die Zusammenarbeit mit den Ausbildungs-*

Abbildung 22: Negative Faktoren für Kooperationen im Schuljahr 1995/96 aus Sicht der Berufsschulen[45] (in Prozent)

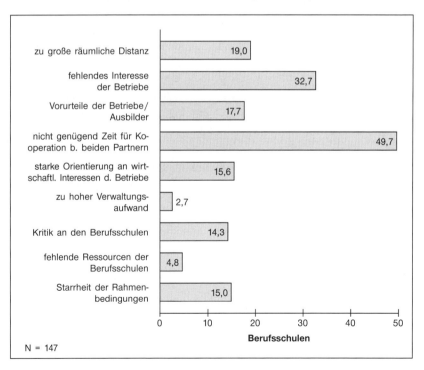

betrieben." Eine andere Berufsschule formuliert dies so: *"Zuwenig Interesse seitens der Betriebe, die Initiative zur Kooperation geht meistens von den Lehrkräften aus."* Diese Aussagen spiegeln zwar die Interessen der Berufsschulen wider, bedeuten aber nicht unbedingt, daß sie unzutreffend sind. Falls sie zutreffen, bietet es sich für kobas an, diese Initiativfunktion der Berufsschulen zu nutzen.

Von etwa einem Drittel der Berufsschulen wird ein zu geringes Interesse der Betriebe bzw. Ausbilder konstatiert, während von fast keiner Berufsschule die Interessenlage der Lehrer ähnlich beurteilt wird: *"Der Ausbildungsort ‚Schule' wird nicht voll anerkannt; die Betriebe zeigen sich teilweise an der schulischen Ausbildung und Arbeit desinteressiert (so nehmen z. B. nur etwa 10 Prozent der Betriebe Kontakt mit der Schule auf, wenn Benachrichtigungen wegen schlechter Leistungen erfolgen)."* Das eigene Handeln wird also nur wenig hinterfragt.

Dies wird zum Teil dadurch bestätigt, daß über 14 Prozent der Berufsschulen in der Diskussion um die Zukunft der dualen Berufsausbildung und der dabei oft geäußerten Kritik an ihnen ein wesentliches Hindernis für Kooperationsbeziehungen sehen: *"In erster Linie durch die pauschale und undifferenzierte Kritik – insbesondere auf Bundesebene –, daß der Berufsschulunterricht gestrafft bzw. der zweite Berufsschultag wegfallen muß. Derartige Äußerungen – wider besseren Wissens und ausschließlich mit der Absicht der Anbiederung, um die Ausbildungsquantitäten zu erhöhen – schaden der Arbeit und dem Ansehen der Berufsschule und ihrer Lehrer in irreparabler Weise."* Diese defensive Haltung der Berufsschulen ist angesichts der Diskussionen verständlich. Das heißt aber auch, daß eine Reform des dualen Systems von einer Reihe von Berufsschulen nicht als Chance zur notwendigen Anpassung der Berufsausbildung an veränderte ökonomische und gesellschaftliche Rahmenbedingungen betrachtet wird. In den Reformüberlegungen wird demnach in erster Linie ein ungerechtfertigter Angriff auf die Position der Berufsschulen im dualen System der Berufsausbildung gesehen. Vor diesem Hintergrund stellt sich die Aufgabe, die Berufsschulen aus der Defensive zu bringen, um ihnen einen aktiven Beitrag zur Umgestaltung des dualen Systems zu ermöglichen.

Von über 15 Prozent der Berufsschulen wird eine zu starke Orientierung der Berufsausbildung an den wirtschaftlichen Interessen der Betriebe als Hindernis für Kooperationen benannt. Dies soll sich in der Organisation der betrieblichen Ausbildung und den Einstellungen der Verantwortlichen, nicht zuletzt auch in einem zu starken Einsatz der Auszubildenden in der Produktion niederschlagen: *"Durch den wirtschaftlichen Druck auf die Betriebe kümmert sich der Ausbilder hauptsächlich um einen effektiven Arbeitseinsatz der Lehrlinge."* Eine solche

"Kritik" sieht am Existenzgrund der Betriebe vorbei. Diese betreiben Ausbildung ja gerade deswegen, um Arbeitskräfte zu rekrutieren. Insofern ist Erstausbildung als eine ihrer Rekrutierungsstrategien anzusehen. Pädagogische Ideale gegenüber Betrieben anzumahnen zielt daher ins Leere und trägt auch nicht zur positiven Gestaltung von Kooperationsbeziehungen bei. Die Akzeptanz der betrieblichen Interessen stellt gerade eine ihrer Grundlagen dar. Ein gleichberechtigter Partner kann demzufolge auch nicht als Behinderung des pädagogischen Eigeninteresses der Berufsschulen angesehen werden.

Diese bisher genannten Hindernisse werden auch gebündelt geäußert: *„Fehlende Zeit und mangelndes Engagement bei Lehrern wie bei Ausbildern mögen Ursachen sein. Für die Betriebe ist die Ausbildung nur eine Aufgabe unter vielen, und nicht jeder Betrieb läßt sich in die Karten schauen. Die Fachbetreuer dieser Schule sind auch der Ansicht, daß Voreingenommenheit und Überheblichkeit sowie Desinteresse an schulischen Dingen von einzelnen Repräsentanten der betrieblichen Ausbildung eine bessere Kooperation verhindern. In vielen Betrieben wird der Auszubildende als Arbeitskraft und nicht als Auszubildender gesehen."*

Darüber hinaus ergeben sich bei einigen Kooperationsaktivitäten besondere Problemzuschnitte (vgl. Abbildung 23):

- Beim Austausch über Verhalten und Leistung der Auszubildenden fallen die räumliche Distanz zu den Betrieben und das geringe Interesse der Ausbilder als besondere Probleme auf.
- An einigen Aktivitäten der Berufsschullehrer in den Betrieben (z. B. ihren Betriebspraktika oder Betriebserkundungen mit den Schülern) fehlt es aus Sicht der Berufsschulen am Interesse der Ausbilder. Dem mag zugrunde liegen, daß Ausbilder hierbei größere Zeitprobleme haben als Lehrer. Doch macht sich darin auch generell eine mangelhafte Vertrauensbildung zwischen den Partnern im dualen System bemerkbar, die durch die öffentliche Kritik an den Berufsschulen entstanden sein dürfte. Allerdings sind auch die Rahmenbedingungen nicht so, daß sie solche Kooperationsaktivitäten unterstützen bzw. erleichtern. Zumal die räumliche Distanz der Lernorte in vielen Fällen schon besondere Anstrengungen verlangt. Stärker als bei anderen Kooperationsaktivitäten wird gerade dieser Punkt hier als Hindernis wahrgenommen. Daraus folgt insgesamt, daß die Kooperation bei den dualen Partnern ein integraler Bestandteil ihres Zeitbudgets werden muß, um ihre Leistungen qualitativ zu verbessern.
- Insbesondere bei traditionellen Kooperationsformen scheint das „Zeitproblem" gravierend zu sein. Neue Formen reduzieren seine Bedeutung bzw. drücken einen Wandel in der Nutzeneinschätzung von Kooperationen aus.

Abbildung 23: Probleme bei Kooperationen im Schuljahr 1995/96 in den einzelnen Kooperationsformen aus Sicht der Berufsschulen[46]

Probleme / Kooperationsformen	Distanz	fehlendes Interesse der Ausbilder an Kooperationen	Vorurteile der Betriebe	Zeitproblem	wirtschaftliche Interessen der Betriebe	Rahmen-bedingungen	Kritik an Berufsschulen
zeitliche und organisatorische Abstimmung	13	24	12	29	6	17	10
didaktisch-methodische Abstimmung	3	3	1	5	0	4	1
Projekte	4	10	2	16	8	12	8
Zusammenarbeit in Prüfungsausschüssen	27	43	20	67	19	30	19
Betriebserkundungen durch Lehrer und Schüler	22	33	19	54	17	27	16
gemeinsame Mitarbeit in externen Arbeitskreisen	7	13	6	21	6	15	7

Kooperationsbeziehungen in der beruflichen Erstausbildung in Bayern

Probleme / Kooperationsformen	Distanz	fehlendes Interesse der Ausbilder an Kooperationen	Vorurteile der Betriebe	Zeitproblem	wirtschaftliche Interessen der Betriebe	Rahmenbedingungen	Kritik an Berufsschulen
Austausch über Verhalten und Disziplin	23	40	22	63	18	25	14
Austausch über Leistungsstand und Lernschwierigkeiten	25	42	21	61	17	26	16
regelmäßige Arbeitstreffen zwischen Lehrern und Ausbildern	5	11	10	19	9	6	8
Aktivitäten von Ausbildern in Schulen	15	26	11	43	15	20	20
Aktivitäten von Lehrern in Betrieben	27	53	25	69	23	37	23
gemeinsame Aktivitäten	38	67	35	105	36	53	32
sonstiges	21	32	17	52	19	28	21

67

4.3.4 Zukunft der Kooperationen

Von fast der Hälfte aller Berufsschulen wird eine verbesserte Abstimmung zwischen schulischen und betrieblichen Ausbildungsinhalten gewünscht oder bereits geplant. Diese kann in regelmäßigen Arbeitstreffen von Lehrern und Ausbildern geschehen, die über die Hälfte aller Berufsschulen befürworten. Als Grundlage dafür sehen fast zwei Drittel eine bessere, stetigere und intensivere Kontaktpflege. Etwa ein Viertel der Berufsschulen schlägt darüber hinaus die Schaffung eines verbindlichen Rahmens für die Zusammenarbeit von Berufsschulen und Betrieben vor (vgl. Abbildungen 24 und 25).

Kooperationsstrukturen müssen einen Einblick in Arbeitsweisen, Strukturen und Problemlagen des Partners ermöglichen, damit eine grundlegende von den Betroffenen selbst getragene „Bottom-up-Entwicklung" von Kooperationsbeziehungen möglich ist. Dazu bedarf es allerdings auch entsprechender Rahmenbedingungen, da ohne eine gewisse Institutionalisierung und Verstetigung der Zusammenarbeit die Barrieren hoch sind, um überhaupt den Kontakt zur anderen Seite zu suchen. Über ein Drittel der Berufsschulen beklagen, daß die Ausbilder den Schulalltag zuwenig kennen, was die meisten auf das fehlende Interesse der Ausbilder an der Berufsschularbeit zurückführen. Dieses Argumentationsmuster verdankt sich u. a. den bestehenden Vorurteilen gegenüber dem dualen Partner. Umgekehrt kennen die Lehrer den Betriebsalltag und interessieren sich für die betrieblichen Belange. Dennoch sehen über 17 Prozent der Berufsschulen in einer verstärkten Lehrerfortbildung in Ausbildungsbetrieben ein Mittel für verbesserte Kooperationen: *„Wünschenswert wären Betriebserkundungen durch Lehrer und die Fortführung der bereits mit Erfolg genutzten Betriebspraktika für Lehrer. Umgekehrt könnten Ausbilder gelegentlich die weit schwierigere Unterrichtssituation der Schule in Schulpraktika kennenlernen."* Praktika sind wohl ein erster Schritt, sich kennenzulernen, müssen dann aber über den einfachen Austausch hinaus zur Veränderung der eigenen Situation und der des Partners führen.

Abbildung 24: Gewünschter bzw. geplanter Ausbau von Kooperationsaktivitäten von Berufsschulen (in Prozent)

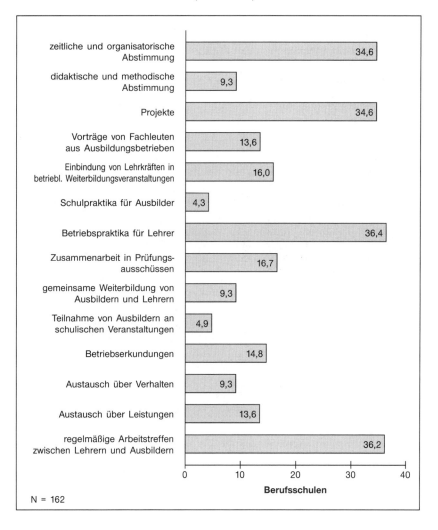

Abbildung 25: Verbesserungsmöglichkeiten für Kooperationen aus Sicht der Berufsschulen (in Prozent)

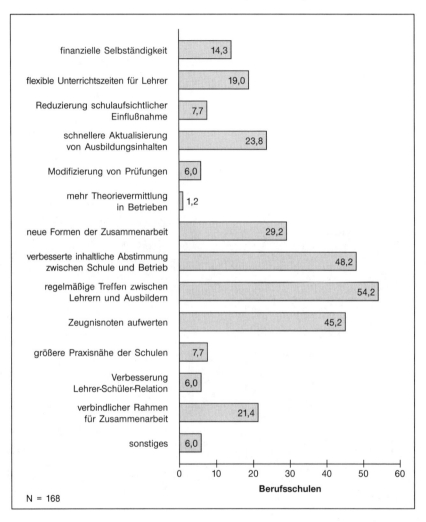

Für Fortführung, Ausbau und Entwicklung neuer Formen von Lernortkooperationen zeichnen sich aus Sicht der Berufsschulen einige Tendenzen für die Zukunft ab (vgl. Abbildungen 26 und 27). Diese richten sich sowohl auf Veränderungen des derzeitigen Standes als auch auf deren Festschreibung in ihren Planungen für die Zukunft:

- *Bewährtes sichern:* Die Planungen zukünftiger Kooperationsaktivitäten sind relativ stark von der bestehenden Praxis geprägt (Kooperation mit Ausbildern in den Prüfungsausschüssen, Betriebspraktika für Lehrer, Betriebserkundungen von Schülern und Lehrern sowie der Austausch über Leistungsstand und Lernschwächen von Auszubildenden). Diese bestehenden Kooperationsformen sollen im wesentlichen fortgeführt werden. Zusätzlich wird der gemeinsamen Erarbeitung und Durchführung von Projekten durch Ausbilder und Lehrer sowie regelmäßigen Arbeitstreffen zwischen Lehrern und Ausbildern eine hohe Bedeutung beigemessen. Damit ziehen die Berufsschulen Schlüsse aus der bestehenden Kooperationspraxis, die den von ihnen benannten Kooperationshindernissen entsprechen. Dies zeigt letztlich auch, wie es derzeit noch um das Innovationsklima bestellt ist: Eher wird an tradierten Strukturen festgehalten, als daß Veränderungen angestrebt werden.
- *Weitere Akteure in die Kooperationsprozesse einbeziehen:* Viele Berufsschulen sehen zwar in einer verstärkten Zusammenarbeit von Betrieben und Berufsschulen mit Berufsverbänden, Innungen, Kammern etc. eine Voraussetzung für die Verbesserung von Kooperationsbeziehungen (vgl. Abbildung 26), aber zum Teil nicht ohne Skepsis im Blick auf die Realisierbarkeit: „*Nach meiner Meinung sehen es die Kammern nicht gerne, wenn Verbände ohne sie Kontakte zur Schule knüpfen, um Fragen der Ausbildung so direkt zu besprechen.*"
- *Mit Arbeitskreisen eine Institutionalisierung vorantreiben:* Die Etablierung von regelmäßigen Arbeitstreffen zwischen Lehrern und Ausbildern wird besonders von Berufsschulen befürwortet, die bei ihren bisherigen Kooperationen Probleme wegen der Vielzahl der Betriebe, den räumlichen Entfernungen sowie der zeitlichen Ressourcen hatten. Von institutionalisierten Arbeitskreisen erwartet man sich, daß sie trotz dieser Probleme Kooperationen erleichtern und überdies zum Abbau von Vorurteilen beitragen. Als wichtigste Voraussetzung für den Ausbau dieser Kooperationsform betrachten die Berufsschulen die Bereitstellung zeitlicher Ressourcen. Denn regelmäßige Arbeitstreffen erfordern einen erheblichen Zeitaufwand der Lehrer. Dieser kann aus ihrer Sicht nicht allein während der bisherigen Arbeitszeit erbracht werden. Da ohnehin der Zeitmangel ein gravierendes Kooperationsproblem ist, wird

besonders dort, wo diese Kooperationsform schon praktiziert wird, eine Anrechnung der dafür aufgewendeten Zeit auf das Stundenkontingent der Lehrer befürwortet. In diesem Zusammenhang werden außerdem Möglichkeiten zu einer flexibleren Handhabung der Unterrichtszeit für notwendig erachtet. Ein Ausbau der Kooperationsform Arbeitstreffen, der zur Institutionalisierung und Verstetigung von Kooperationen führt, ist für viele Berufsschulen die Konsequenz aus der bisherigen Arbeit von Lehrern und Ausbildern in Arbeitskreisen bzw. bei regelmäßigen Arbeitstreffen. In diesem Sinne wird es häufig auch als nützlich angesehen, wenn in Zukunft weitere Institutionen, wie z. B. Kammern, Innungen oder Verbände, verstärkt in die Arbeit einbezogen werden, mehr Freiraum für eigenverantwortliches Handeln an den Berufsschulen geschaffen wird und Fortbildungen von Lehrern und Ausbildern die Arbeitskreisarbeit stützen. Inhaltliche Schwerpunkte sollen dabei zunächst Projektarbeiten und eine Verbesserung der Kontaktpflege sein.

- *Effektivität und Effizienz der Kooperationen erhöhen:* Das Hauptproblem bei den bisherigen Kooperationen sind die Friktionen der Zeitbudgets von Ausbildern und Lehrern. Als Mittel, um unter den gegebenen Rahmenbedingungen und diesen zeitlichen Unvereinbarkeiten die notwendige Effektivität und Effizienz zu erreichen, bevorzugen die Berufsschulen zeitliche und organisatorische Abstimmungen, Projektarbeiten, Betriebspraktika für Lehrer und regelmäßige Arbeitstreffen. Zu einer Reduzierung des organisatorischen Aufwandes können nach Einschätzung der Berufsschulen besonders Projektarbeit und regelmäßige Arbeitstreffen beitragen. Es gibt nach Ansicht der Berufsschulen aber auch Kooperationsformen, die Effektivierungen selbst unter den derzeit relativ starren und einschränkenden Rahmenbedingungen ermöglichen: Sie liegen vor allem auf dem Feld der zeitlichen und organisatorischen Abstimmung von Unterrichts- und Ausbildungsinhalten. Dabei darf allerdings nicht aus den Augen verloren werden, daß die Steigerung von Effektivität und Effizienz einzelner Kooperationen auch auf das Gesamtsystem zu zielen hat.
- *Lernprozesse befördern:* Kooperationsformen, bei denen es zu gegenseitigen Lernprozessen kommt (Vorträge von Ausbildern in Schulen, gemeinsame Weiterbildungsveranstaltungen von Lehrern und Ausbildern oder die Durchführung von gemeinsamen Veranstaltungen), bewirken auch, daß sie generell als Voraussetzungen für verbesserte Kooperationen begriffen werden. Deshalb wird häufig ihr Ausbau bzw. ihre Fortführung gewünscht. Eine Lehrerfortbildung in den Betrieben wird von vielen Berufsschulen als eine Voraussetzung für Projektarbeit, Betriebserkundungen und regelmäßige Arbeitstreffen gesehen.

- *Abstimmungsprozesse verstärken:* Kooperationen, die eine zeitliche und organisatorische Abstimmung von Ausbildungs- bzw. Unterrichtsinhalten zum Gegenstand haben oder sich sogar weitergehend auf eine didaktisch-methodische Abstimmung von betrieblicher Ausbildung und schulischem Unterricht beziehen, führen offenbar dazu, daß Kooperationsformen, die sich „nur" auf ein Kennenlernen oder eine bessere Kontaktpflege beziehen, zukünftig relativ an Bedeutung verlieren. Deshalb wird vor allem von den Berufsschulen die Fortführung und der Ausbau der inhaltlichen Aktivitäten (verstärkte Projektarbeit im Rahmen regelmäßiger Arbeitstreffen) zwischen Lehrern und Ausbildern geplant. Für eine zukünftig erfolgreiche Abstimmung der Unterrichtsinhalte und besonders der didaktisch-methodischen Fragen werden sechs Voraussetzungen genannt:
  1. Eine verstärkte Praxisnähe und Aktualität des Wissens der Lehrer. Dazu werden von Berufsschulen besonders Betriebspraktika für die Lehrer gewünscht oder geplant, die in den bisherigen Kooperationen schon solche Abstimmungsprozesse praktizieren. Dadurch läßt sich ein Kennenlernen der betrieblichen Praxis ohne zu großen organisatorischen Aufwand erreichen. Betriebspraktika für Lehrer sind vor allem dort eine gewünschte Kooperationsform, wo die große Zahl der Betriebe oder die räumliche Distanz zu ihnen ein Problem für die Intensivierung von Kooperationsbeziehungen waren.
  2. Eine bereits vorhandene Vertrauensbasis zwischen Ausbildern und Lehrern. Davon verspricht man sich einen weiteren Abbau von Vorurteilen. Offensichtlich ist das kein automatisches Resultat von Kooperationsformen, die der didaktisch-methodischen Abstimmungen dienen.
  3. Eine verstärkte Einbeziehung von Kammern, Innungen und Verbänden in die Kooperation zwischen Berufsschulen und Betrieben.
  4. Eine Entwicklung neuer Formen der Zusammenarbeit (z. B. regelmäßige Arbeitstreffen), die eine Institutionalisierung bzw. Verstetigung der Kooperationsbeziehungen ermöglichen.
  5. Eine größere Flexibilität durch mehr Freiraum für eigenverantwortliches Handeln in den Berufsschulen.
  6. Mehr Fortbildungen von Lehrern und Ausbildern.
- *Sicherung der eigenen Identität in Kooperationen:* Das Kennenlernen der Partner im dualen System, z. B. bei der gemeinsamen Weiterbildung von Lehrern und Ausbildern oder dem Austausch über Leistungsstand, Lernschwächen, Disziplin und Verhalten der Auszubildenden, führt zwar zur Einsicht in Ab-

stimmungsprozesse und die Verstetigung von Kooperationen. Doch besteht immer noch eine relativ große Skepsis gegen eine verstärkte Einbindung von Ausbildern in den schulischen Bereich (z. B. Schulpraktika von Ausbildern oder Teilnahme von Ausbildern an schulischen Veranstaltungen). Damit besteht eine Voraussetzung für verstärkte Abstimmungsprozesse bei vielen Berufsschulen in der Sicherung ihres eigenen Bereichs und der Wahrung ihrer Identität. Die Entwicklungsarbeiten von kobas müssen diese Ängste ernst nehmen, wenn eine Öffnung der Berufsschulen für Innovationen erreicht werden soll.

- *Vorurteile und Kommunikationsprobleme abbauen:* Um Vorurteile abzubauen, eignen sich nach Einschätzung der Berufsschulen besonders Betriebspraktika für Lehrer, da diese ermöglichen, daß sich die dualen Partner unter Praxisbedingungen intensiv kennenlernen.

- *Projektarbeit ausbauen:* Der geplante oder gewünschte Ausbau der Projektarbeit hat selbst wieder mehrere Voraussetzungen: die Beteiligung von Kammern, Innungen und Verbänden, eine intensive Kontaktpflege zum dualen Partner, eine größere finanzielle Selbständigkeit der Berufsschulen, eine größere zeitliche Flexibilität bei der Unterrichtsorganisation in den Berufsschulen, die Erkundung und Schaffung neuer Formen der Zusammenarbeit, die Institutionalisierung und Verstetigung der Kooperationsbeziehungen durch die Herstellung eines neuen verbindlichen Rahmens, der Zusammenarbeit ermöglicht, sowie eine Anrechnung der Arbeitszeit auf das Stundenkontingent der Lehrer.[47]

Im scheinbaren Spannungsfeld zwischen dem Wunsch nach verstärkter Kooperation und der Wahrung der institutionellen Eigeninteressen der Berufsschulen (Sicherung der eigenen Identität und Ressourcen) sowie einer verstärkten institutionellen Absicherung von Abstimmungsprozessen können neutrale Vermittlungsinstanzen, wie z. B. die Kooperationsstellen, sicherlich auf einen Interessenausgleich zwischen den dualen Partnern hinwirken.[48] Dies trifft prinzipiell auf – eine strukturell bedingte – Akzeptanz bei den Berufsschulen. Diese sehen allerdings die bisher bestehenden externen Arbeitskreise als nicht geeignet dafür an. Eine Ausweitung der Mitarbeit in ihnen wird nur selten angestrebt. Statt dessen sollten neue Formen unter Einbeziehung verschiedener Akteure der beruflichen Erstausbildung gefunden werden.

Damit bestehen seitens der Berufsschulen gute Voraussetzungen für eine Institutionalisierung von Kooperationsbeziehungen. Dies drückt sich auch darin aus, daß über 80 Prozent mehr Informationen zu kobas haben wollen und sogar fast 40 Prozent an kobas teilnehmen möchten. Daß bei den Berufsschulen ein starkes Interesse an der Umstrukturierung der Kooperationsbeziehungen besteht, kann damit als belegt gelten.

Abbildung 26: Maßnahmen zur Verbesserung von Kooperationen aus Sicht der Berufsschulen (in Prozent)

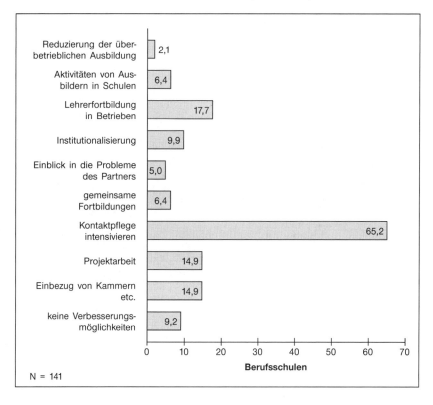

N = 141

Abbildung 27: Wünschenswerte Entwicklungen für die Verbesserung
von Kooperationen aus Sicht der Berufsschulen (in Prozent)

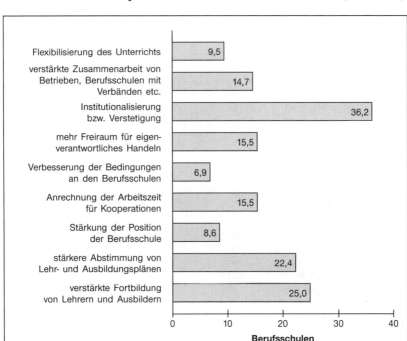

4.3.5 Vorschläge zur Umgestaltung des dualen Systems

Viele Berufsschulen sehen keine Notwendigkeit zur Veränderung des dualen Systems der Berufsbildung: *„Beibehaltung des dualen Systems; Umgestaltung wozu?" „Das duale System ist in Ordnung." „Die duale Ausbildung hat sich bewährt, sollte beibehalten werden, sie ist praxisnah."* Diese Einstellungen vieler Berufsschulen sind angesichts der aktuellen Diskussionen um die Zukunft des dualen Systems durchaus verständlich, stellen sie doch fast durchwegs substantielle Bedingungen ihrer Existenz in Frage. Die besondere Betroffenheit durch die laufenden Debatten darf aber nicht darüber hinwegtäuschen, daß diese Einstellungen einen defensiven Charakter haben, der wenig hilfreich, wenn nicht sogar manchmal kontraproduktiv für Innovationen ist.

Bestehen Veränderungsvorstellungen, so beziehen sich diese implizit oder explizit meist auf eine Stärkung der Position der Berufsschulen im dualen System der Berufsausbildung. Entweder wird die Einschränkung des Funktionsspektrums anderer Institutionen, wie z. B. überbetrieblicher Ausbildungsstätten, oder eine Ausweitung des Funktionsspektrums der Berufsschule befürwortet: Berufsschulen sollen z. B. verstärkt im Weiterbildungsbereich tätig werden. Es wird sogar, trotz – oder gerade wegen – der öffentlichen Diskussionen ein Ausbau des Berufsschulunterrichts befürwortet: *„Eine Verkürzung der Berufsausbildung und hier vor allem der Berufsschultage halte ich in der heutigen Zeit für völlig falsch. Die Berufsschultage sollten im Rahmen eines fächerübergreifenden (bis hin zum handlungsorientierten) Unterrichts sogar ausgeweitet werden, wenngleich bei verstärkten Kooperationsmöglichkeiten mit den Betrieben."* Daran wird deutlich, daß Vertreter von Berufsschulen erst einmal in Unterrichtskategorien denken. Es fällt ihnen schwer, neue Funktionen ihrer Institution zu antizipieren (z. B. Coaching, Beratung), weil ihnen solche Bildungsformen fremd sind. Sicherlich ist dafür auch eine Ausbildung der Lehrer verantwortlich, bei der nur wenig mehr als die Vorbereitung und Durchführung von Unterricht vermittelt wird.

Viele Berufsschulen, d. h. etwa ein Drittel, sind für eine stärkere Berücksichtigung der Berufsschulnoten bzw. -leistungen bei den Ausbildungsabschlußprüfungen: beispielsweise in Form eines gemeinsamen Abschlußzeugnisses. Darin spiegelt sich die schon erwähnte traditionelle Unterrichts- und damit auch Notenorientierung der Institution wider.

So zeigt sich in zahlreichen Vorschlägen zur Umgestaltung des dualen Systems der Berufsausbildung ein eingeschränkter Blickwinkel, der das eigene Interesse defensiv in den Vordergrund rückt. Meist werden Veränderungsvorschläge gemacht, die für die Berufsschulen einen größeren Nutzen erwarten lassen. Eine Reihe von Berufsschulen fordert z. B., daß ihre Position in der dualen Berufsausbildung gestärkt wird: durch höhere finanzielle Aufwendungen für die Berufsschulen und/oder Ausweitung des Berufsschulunterrichts, zumindest aber Beibehaltung des Berufsschulunterrichts in der bisherigen Dauer (vgl. Abbildung 28). Zudem sind die Vorschläge von einem traditionellen Verständnis des dualen Systems getragen.

Nachdem Veränderungsvorstellungen so stark an die eigene Identität gekoppelt sind, sind Innovationen nur möglich, wenn man Berufsschulen zeigen kann, daß sie durch Veränderungen nicht zu den Innovationsverlierern gehören werden. Sie müssen durch Innovationen gewinnen und nicht verlieren.

Abbildung 28: Vorschläge zur Umgestaltung des dualen Systems der Berufsausbildung von Berufsschulen (in Prozent)

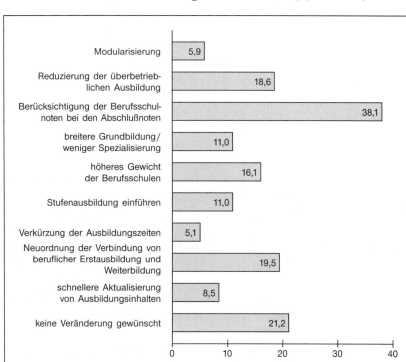

Eine ganze Reihe von Umgestaltungsvorschlägen für das duale System der beruflichen Erstausbildung beruhen auf vorgängigen Kooperationserfahrungen:
- In fast allen Berufsschulen, die eine Modularisierung der beruflichen Erstausbildung befürworten, haben Ausbilder vorher Vorträge gehalten und die Lehrer Betriebspraktika gemacht.[49] Der gegenseitige Informationsaustausch führt also zu einem Verständnis für die betrieblichen Notwendigkeiten und Probleme hinsichtlich einer Kostenentlastung im Ausbildungsbereich und einer größeren Flexibilität in der Ausbildung.
- In nahezu allen Berufsschulen, die eine geringere Spezialisierung, dafür aber eine breitere Grundausbildung in der beruflichen Erstausbildung fordern, fand vorher eine intensive Kooperation in bezug auf Verhalten, Disziplin, Lern-

schwächen und Leistungsstand der Auszubildenden statt. Eine gemeinsame Analyse der Situation der Auszubildenden führt also zu neuen Vorstellungen über die individuellen Lernnotwendigkeiten.[50]

- Nahezu alle Berufsschulen, die eine schnellere Aktualisierung von Ausbildungsinhalten für notwendig befinden, hatten vorher eine intensive Kooperation in bezug auf Leistungsstand und Lernschwächen der Auszubildenden. Möglicherweise steigert eine aktuelle Ausbildung aus Sicht der Berufsschulen die Motivation der Auszubildenden und führt zu besseren Leistungen.

- In nahezu allen Berufsschulen, die eine Einführung der Stufenausbildung als günstig erachten, fand vorher eine intensive Kooperation in bezug auf Verhalten, Disziplin, Lernschwächen und Leistungsstand von Auszubildenden, Betriebserkundungen von Berufsschullehrern und Schülern sowie Betriebspraktika von Lehrern statt. Die Analyse von individuellen Leistungen zeigt also die Notwendigkeit der Einführung von gestuften Ausbildungsgängen, bei denen besser auf persönliche Voraussetzungen und Potentiale der Auszubildenden eingegangen werden kann.

4.4 Vergleich von Stand und Perspektiven der Kooperationsaktivitäten von Berufsschulen und Ausbildungsbetrieben in Bayern

4.4.1 Stand der Kooperationsbeziehungen

Weit über 90 Prozent der Berufsschulen und über 70 Prozent aller antwortenden Ausbildungsbetriebe waren 1996 an Lernortkooperationen beteiligt.[51] An 71 Prozent der Berufsschulen und bei 53 Prozent der Ausbildungsbetriebe hatte der Kontakt dabei die Form des persönlichen Gesprächs.

Diese Kooperationen fanden auf drei Ebenen statt: Information, Abstimmung und Zusammenwirken. Häufig sind vor allem Kooperationsformen, die sich auf Informations- oder Abstimmungsprozesse beziehen, selten sind dagegen Formen des systematischen Zusammenwirkens mit berufspädagogischen Zielen. Auf diese Weise machen sich in den Kooperationsbeziehungen von Berufsschulen und Betrieben unterschiedliche Zielsetzungen und Rahmenbedingungen geltend.

Am häufigsten kooperieren Berufsschulen und Betriebe in den Prüfungsausschüssen, und zwar im Rahmen von Zwischen- und Abschlußprüfungen.[52] Eine große Bedeutung für die Vertreter beider Lernorte hat auch der Austausch über Verhalten, Disziplin, Leistungsstand und Lernschwächen von Auszubildenden.[53] Seltener kommen Formen vor, die z. B. die gemeinsame Fortbildung von Lehrern und Ausbildern zum Gegenstand haben (was die Lernorte gewissermaßen zusammenführt) oder auf ein systematisches Zusammenwirken in didaktisch-methodischen Fragen zielen.[54] Dies ist in fast allen Berufsfeldern und Branchen gleich ausgeprägt. Es gibt nur unwesentliche Differenzen.[55]

Die entscheidende Variable in den Kooperationsbeziehungen sind die Personen (Ausbilder und Lehrer) und ihre Einstellungen zu Kooperationen. Dennoch gab es 1996 in Bayern als Kooperationsform keine Schulpraktika für Ausbilder im dualen System der beruflichen Erstausbildung. Die Ausbilder beziehen ihre Kenntnisse über den Schulalltag hauptsächlich über die Auszubildenden, da andere Aktivitäten der Ausbilder in den Schulen (z. B. Vorträge) nur relativ selten vorkommen. Umgekehrt sind Lehrerpraktika in Ausbildungsbetrieben ebenfalls nicht die Regel, selbst wenn sie häufiger vorkommen. Dies zeigt eine durchaus problematische Situation, da Praktika am jeweils anderen Lernort eine Möglichkeit darstellen, die konkreten betrieblichen bzw. schulischen Ausbildungsbedingungen kennenzulernen. Die Ausbilder könnten durch Schulpraktika einen Einblick in die Berufsschule, ihren Unterricht, ihre personelle und sachliche Ausstattung sowie die Organisationsstruktur erhalten. Außerdem bieten sie die Chance, neue Kooperationen zu initiieren oder eine bereits bestehende Zusammenarbeit zu intensivieren. Neben fachlichen Fragen können im Rahmen eines Praktikums auch die Abstimmung von Inhalten und Methoden, die Organisation der Ausbildung oder die Gestaltung von Prüfungen zwischen betrieblichen Ausbildern und Berufsschullehrern erörtert werden (vgl. Abbildung 29). Eine mögliche Ursache für die bisher nur geringe Nutzung solcher Kooperationsformen liegt wohl darin, daß sie einen tiefen Einblick in die Arbeit des dualen Partners geben, was nicht nur als Chance, sondern auch als Kontrolle empfunden werden kann (vgl. Pätzold 1997, S. 20).

Daß Kooperationen personenabhängig sind, ist nicht nur negativ zu bewerten. Gerade „Bottom-up-Initiativen" sind auf kreative und innovative Personen angewiesen, die eine Führungsrolle in Partnerschaften übernehmen wollen und können. kobas knüpft daran an, weil sich durch die Zusammenarbeit mit diesen Personen durchaus Entwicklungsmöglichkeiten ergeben. Institutionen sind austauschbar, begeisterungsfähige Akteure, die Innovationen mittragen, hingegen unerläßlich. Insofern kann in diesen Personen dann wieder ein Ansatzpunkt einer neuartigen Institutionalisierung von Kooperationsbeziehungen gesehen werden.

Abbildung 29: Kooperationsaktivitäten von Ausbildungsbetrieben und Berufsschulen im Vergleich (in Prozent)

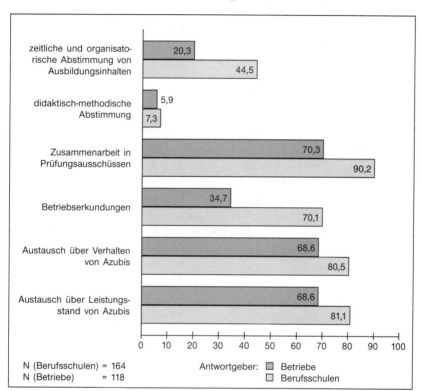

Zwar kooperieren fast die Hälfte der Berufsschulen und der antwortenden Betriebe bei der zeitlichen und organisatorischen Abstimmung von Ausbildungs- und Unterrichtsinhalten; hinsichtlich der didaktisch-methodischen Abstimmung von betrieblicher Ausbildung und schulischem Unterricht tun dies aber weniger als 8 Prozent.[56] Disziplinprobleme oder Lernschwierigkeiten der Auszubildenden werden also nur selten zum Anlaß für weitergehende didaktisch-methodische Überlegungen und Aktivitäten genommen. In den bestehenden Kooperationsformen beschäftigt man sich eher mit „Randproblemen" des dualen Systems (z. B. Disziplinschwierigkeiten von einzelnen Auszubildenden). Sie haben häufig einen verwaltungstechnischen oder organisatorischen Charakter. Zu dieser Einschätzung kommt auch Pätzold (1995, S. 152) aufgrund seiner Untersuchungen. Selbst dort, wo Kooperationen wirkliche Probleme angehen, geschieht dies aufgrund mangelnder Institutionalisierung nur akut, punktuell, personenabhängig und nicht systematisch. Charakter und Struktur dieser Kooperationsaktivitäten scheint auch nach anderen bundesweiten Umfragen derzeit typisch für die Kooperationsbeziehungen zwischen Berufsschulen und Betrieben in der beruflichen Erstausbildung zu sein. Institutionalisierte Kooperationsstrukturen gibt es nur rudimentär. (vgl. Walden 1996, S. 98; Walden/Brandes 1995, S. 137; Pätzold 1995, S. 152).

Kooperationsaktivitäten auf dem Gebiet von zeitlichen und organisatorischen Abstimmungen wurden nach Meinung der Schulseite überwiegend von Lehrern und Schulleitern initiiert. Im Verhältnis dazu wird die Initiativfunktion der Betriebsseite als relativ gering beurteilt. Nach Ansicht der Betriebsseite wurden die Kooperationsaktivitäten überwiegend gleichmäßig von Ausbildern und Lehrern initiiert (vgl. Abbildung 30). Aus diesen Zuschreibungen der Initiativfunktion ergeben sich drei Schlußfolgerungen:

- Wenn die Berufsschulen die Initiativfunktion bei Kooperationen für sich reklamieren, zeigt dies zunächst, daß die Akteure an den Schulen Kooperationen hoch bewerten. Weil sie als positiv gelten, kann man sich dadurch selbst als innovativ darstellen.
- Darin, daß tendenziell der duale Partner als weniger innovativ angesehen wird, drückt sich eine latente Fremdheit aus.
- kobas kann an das positive Image von Kooperationen anknüpfen, wenn es gelingt, Vorurteile und Ungleichgewichte im Erscheinungsbild der Institutionen abzubauen.

Über 80 Prozent der Berufsschulen und über 40 Prozent der Betriebe kennen regionale Arbeitskreise oder Gremien, in denen es zu regelmäßigen Treffen von Ausbildern und Lehrern kommt. Diese beziehen sich jedoch in ihrer Arbeit nur selten direkt auf Fragen der Kooperation zwischen Berufsschulen und Ausbildungsbetrieben.

Abbildung 30: Initiatoren der Kooperationsaktivitäten aus Sicht
der Ausbildungsbetriebe und Berufsschulen (in Prozent)

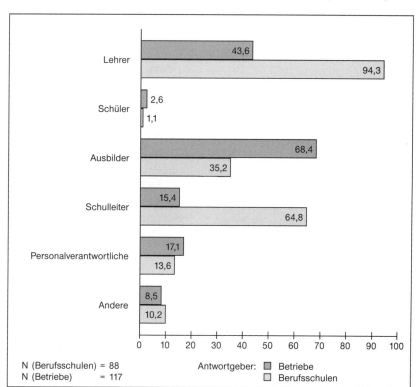

Die Kooperationsbeziehungen werden sowohl von den Berufsschulen als auch von den Ausbildungsbetrieben überwiegend positiv beurteilt, weil sie ein besseres Verständnis für den Partner und seine Probleme erzeugen. Die Effektivität der bisherigen Kooperationsbeziehungen wird dagegen eher relativ skeptisch beurteilt. Dennoch gehen etwa ein Drittel der Berufsschulen und 17,5 Prozent der Betriebe davon aus, daß die Kooperationsaktivitäten viel zur Verbesserung der beruflichen Erstausbildung beigetragen haben. Für über die Hälfte der Berufsschulen und Betriebe haben sie immerhin „etwas" gebracht (vgl. Abbildung 31). Diese Zusammenarbeit zwischen Betrieben und Berufsschulen wird aber dennoch von nahezu allen Berufsschulen und Betrieben als wichtig bis sehr wichtig für die duale Berufsausbildung eingeschätzt (vgl. Abbildung 32).

Abbildung 31: Beurteilung des Beitrags von Kooperationsaktivitäten zur Verbesserung der beruflichen Ausbildung durch Ausbildungsbetriebe und Berufsschulen im Vergleich (in Prozent)

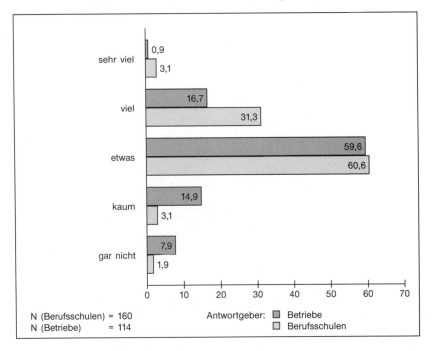

Abbildung 32: Bedeutung der Zusammenarbeit für Ausbildungsbetriebe und Berufsschulen (in Prozent)

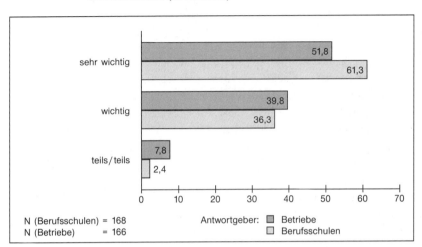

4.4.2 Probleme bei Kooperationen

Probleme und Hindernisse bei Kooperationsaktivitäten werden mehr beim Partner als bei sich selbst gesehen. Aus Sicht der Berufsschulen haben die Ausbilder wenig Zeit, ein geringes Interesse für schulische Belange und Kooperationen sowie kaum Kenntnisse über die Arbeit der Schulen. Von fast keiner Berufsschule wird die Interessenlage der Lehrer analog beurteilt. Auch die Kenntnis der Lehrer über den Betriebsalltag wird relativ hoch eingeschätzt. Umgekehrt haben nach Ansicht der Betriebe Lehrer wenig Zeit, ein geringes Interesse für betriebliche Belange und Kooperationen sowie kaum Kenntnisse über den Betriebsalltag. Die Haupthindernisse für Kooperationsaktivitäten werden von den Betrieben fast gleichmäßig bei Ausbildern und Lehrern im Zeitmangel und der Unkenntnis des dualen Partners gesehen.

Die Schwierigkeiten der Zusammenarbeit werden also bei beiden Institutionen meist aus dem eigenen Blickwinkel heraus beschrieben. Dieses Ergebnis haben auch andere Untersuchungen gezeigt (vgl. Walden/Brandes 1995, S. 132 f.). Daraus läßt sich folgern, „daß die gegenseitige Akzeptanz von Berufsschullehrern auf der einen Seite und Ausbildern der Betriebe auf der anderen Seite noch verbessert werden kann" (Münch 1995, S. 101). Ein Grund für Verständigungsprobleme und gegenseitige Vorurteile liegt in den unterschiedlichen Berufsbiographien und der Sozialisation der Akteure. Sie haben eine unterschiedliche Sprache, differierende Selbstverständnisse und Erwartungen (vgl. Luhmann/Schorr 1988). Ausbilder sind stärker im Betrieb sozialisiert worden, werden stärker kontrolliert und am Prüfungserfolg gemessen, während Lehrer stark ihren pädagogischen Idealen verpflichtet sind. Damit kann auch hier wie schon bei anderen Untersuchungen festgestellt werden: „Ein nicht geringer Teil der wechselseitigen Zuschreibungen kann sicherlich auf Vorurteile zurückgeführt werden. Diese sind nur dann abzubauen, wenn die Betroffenen vor Ort sich besser kennenlernen; sei es über informelle Kontakte oder über die Organisation von Arbeitskreisen" (Walden/Brandes 1995, S. 133).

Ein großes Problem bei Kooperationsaktivitäten besteht generell im Zeitmangel, dem nach Einschätzung der Berufsschulen und der Betriebe häufig Ausbilder und Lehrer unterliegen. Als Hinderungsgrund von Kooperationen wird Zeitmangel von den Betrieben fast gleichmäßig für Ausbilder und Lehrer genannt. Es gibt verschiedene Gründe für diese Einschätzung:

- Daß der „Zeitmangel" derart im Vordergrund steht, zeigt, daß Kooperationen als Zusatzarbeit angesehen werden und noch nicht als integraler, inhaltlicher Bestandteil der Arbeit von Berufsschullehrern und Ausbildern. Zur alltäglichen Arbeit gehört Kooperation offenbar noch nicht. Darin liegt ein gewisses „Mißverständnis" von Kooperation, da in einem dualen System selbstverständlich die Zusammenarbeit zum Kernbereich der Aufgaben gehört. Es ist sogar möglich, dadurch Zeit einzusparen, da andere zeitintensive Aufgaben wegfallen. Greift diese Einsicht nicht, werden es Innovationen schwer haben.
- Zeitmangel wird als Argument von vielen Akteuren vorgeschoben, die eigentlich weder Innovationen noch Kooperationen im dualen System wollen. Man zieht sich auf ein schwer widerlegbares Faktum zurück, um jede Bemühung von vornherein obsolet erscheinen zu lassen. Zweifellos wirkt sich dies Argument innovationshinderlich aus: Wenn keiner Zeit hat, bleibt alles, wie es ist.
- Ein weiterer Grund liegt im strukturellen Problem des dualen Systems: In vielen Berufsschulklassen befinden sich Schüler aus unterschiedlichen Betrieben. Ein Berufsschullehrer ist in diesem Fall schon rein zeitlich überfordert, den Kontakt zu allen Ausbildern und Betrieben zu pflegen (vgl. Münch 1995, S. 101). Besonders in Klassen, in denen viele Schüler aus Klein- und Mittelbetrieben sind, wird dieses Problem häufig durch die fehlenden hauptamtlichen Ausbilder auf betrieblicher Seite und die beschränkte Zeit der dortigen Ausbildungsverantwortlichen verschärft. In der Organisation von Kooperatio-

nen könnte das allerdings berücksichtigt werden. Doch kommt hinzu, daß es Berufsschulen auch nicht mit einem homogenen Block von Betrieben zu tun haben. Die Ausbildungsbetriebe tragen unternehmensspezifische Interessen an Berufsschulen heran, d. h., diese Interessen sind unterschiedlich und manchmal sogar gegensätzlich ausgeprägt (vgl. Pätzold 1997, S. 14). Dieses Problem besteht freilich auch auf betrieblicher Seite: Wenn die Ausbildungsbetriebe in verschiedenen Berufen und Ausbildungsjahren ausbilden, dann müssen über zum Teil erhebliche Distanzen hinweg unterschiedliche Ansprechpartner in verschiedenen Berufsschulen kontaktiert werden. *Ein Beispiel dafür ist ein Betrieb aus Oberbayern, dessen Auszubildende in vier verschiedene Berufsschulen in München, Weilheim und Schongau in unterschiedliche Fachklassen gehen.* In solchen Fällen müssen Ausbilder mit vielen Berufsschullehrern an relativ weit entfernten Standorten kooperieren.

Deshalb will kobas eine neue Ebene der Effektivität und Effizienz erreichen, bei der Kooperationen kein größeres Zeitbudget erfordern. Die dafür erforderliche Zeit soll an anderer Stelle eingespart werden.

Die Identifizierung von Kooperationshindernissen spiegelt eine gewisse Vorurteilsstruktur wider: z. B. darin, daß die Berufsschulen häufig die Ausbilder bzw. die Betriebe als Hindernis für Kooperationen benennen, selten jedoch die Lehrer, ihre Einstellungen und ihr Verhalten. So wird von etwa einem Drittel der Berufsschulen ein zu geringes Interesse der Betriebe bzw. Ausbilder konstatiert, während von fast keiner Berufsschule die Interessenlage der Lehrer ähnlich beurteilt wird. Damit ist der Reflexionsgrad der Akteure auf das eigene Handeln gering ausgeprägt. Bei der Identifizierung von Kooperationshindernissen verweisen die Betriebe weit weniger als die Berufsschulen auf ihre Partner im dualen System. Es wird weniger häufig davon ausgegangen, daß die Lehrer und Berufsschulen deutlich mehr als die Betriebe Kooperationen erschweren oder gar verhindern.

Ein Grund für diese Differenz liegt in der defensiven Haltung der Berufsschulen, die durch die öffentliche Debatte um ihre Funktionalität und die Zukunft des Gesamtsystems entstanden ist. Da Bildung ihr institutioneller Zweck ist, fühlen sie sich dadurch substantiell betroffen. Betriebe betreiben dagegen die Ausbildung nach Maßgabe ihrer geschäftlichen Kalküle. Dadurch sind sie von vornherein offener für Modernisierungsdebatten. Allerdings zeigen sich bei ihnen auf personeller Ebene ähnlich strukturkonservative Phänomene. Gesellschaftlich induzierte Modernisierungsbestrebungen unterstützen bei den Akteuren konservative Tendenzen, wenn sie nicht nur offensichtliche Innovationsgewinner hervorbringen. Konservative Haltungen können nur aufgebrochen werden, wenn Strategien zu ihrer Integration in den Innovationsprozeß entwickelt werden.

Abbildung 33: **Probleme bei Kooperationen aus Sicht der Ausbildungsbetriebe und Berufsschulen (in Prozent)**

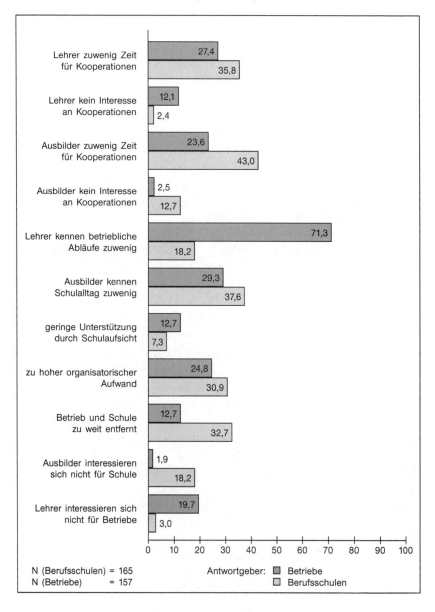

Dieser Zusammenhang wird zum Teil dadurch bestätigt, daß über 14 Prozent der Berufsschulen ein wesentliches Hindernis für Kooperationsbeziehungen in der Diskussion um die Zukunft der dualen Berufsausbildung und der dabei manchmal geäußerten Kritik an ihnen sehen. Das heißt, daß diese Diskussion bei einer Reihe von Berufsschulen nicht als Chance zur notwendigen Anpassung der Berufsausbildung an veränderte ökonomische und gesellschaftliche Rahmenbedingungen aufgefaßt wird, sondern in erster Linie als Angriff auf ihre Position im dualen System der Berufsausbildung. Dies ist bei den Betrieben so nicht der Fall.

Daraus läßt sich folgern, daß Kooperationsprobleme nicht ausschließlich auf Vorurteile zurückzuführen sind. Sie entstehen vielmehr in einem Spannungsfeld von Vorurteilen und objektiven Problemen. Sowohl Ausbildungsbetriebe als auch Berufsschulen haben es nämlich mit einer Vielzahl von Institutionen und Ansprechpartnern zu tun, die zudem oft weit entfernt sind. Daher werden von beiden Akteurgruppen der zu große organisatorische Aufwand und die räumliche Entfernung zu den Betrieben bzw. die Vielzahl der Betriebe als wesentliche Hindernisse von Kooperationen genannt (vgl. Abbildung 33).

4.4.3 Zukunft der Kooperationen

Von fast der Hälfte der antwortenden Betriebe und über der Hälfte aller Berufsschulen wird eine verbesserte Abstimmung zwischen schulischen und betrieblichen Ausbildungsinhalten gewünscht oder geplant. Ein inhaltlicher Ansatz kann z. B. die Ausarbeitung integrierter Berufsbildungspläne sein.[57] Viele Betriebe und Berufsschulen sehen darüber hinaus in einer schnelleren Aktualisierung von Ausbildungsinhalten, neuen Formen der Zusammenarbeit, mehr Projektarbeit sowie mehr gemeinsamen Aktivitäten von Ausbildern und Lehrern die Zukunft von verbesserten Kooperationsbeziehungen. Dies kann in regelmäßigen Arbeitstreffen von Berufsschullehrern und betrieblichen Ausbildern erfolgen, die über die Hälfte aller Berufsschulen und der antwortenden Betriebe befürworten. Als Grundlage dafür sehen fast zwei Drittel der Berufsschulen eine bessere, stetigere und intensivere Kontaktpflege. Etwa ein Viertel der Berufsschulen schlägt darüber hinaus die Schaffung eines verbindlichen Rahmens für die Zusammenarbeit von Berufsschulen und Betrieben vor. Damit bestehen von beiden Seiten her gute Voraussetzungen für eine Institutionalisierung von Kooperationsbeziehungen (vgl. Abbildungen 34 und 35).

Abbildung 34: Maßnahmen zur Entwicklung von Kooperationen aus Sicht der Ausbildungsbetriebe und Berufsschulen (in Prozent)

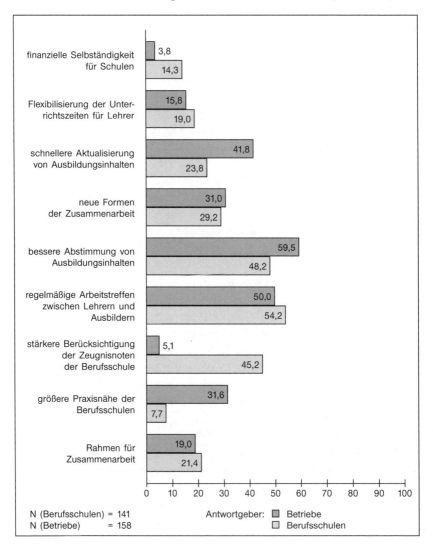

Dies drückt sich auch darin aus, daß jeweils etwa 80 Prozent der Berufsschulen und Betriebe mehr Informationen zu kobas haben wollen und sogar fast 40 Prozent der Berufsschulen und 30 Prozent der Betriebe an kobas teilnehmen möchten. Damit ist belegt, daß bei den Berufsschulen und Betrieben ein starkes Interesse an der Intensivierung und Umstrukturierung der Kooperationsbeziehungen besteht. Es wird Reform- und Handlungsbedarf gesehen, wenn auch unter unterschiedlichen Akzenten: Berufsschulen wollen eine existentielle Absicherung ihres Subsystems, während die Betriebe ihre ökonomisch orientierten Gesamtinteressen verstärkt in der Berufsausbildung verankert sehen möchten.

Die Planungen zukünftiger Kooperationbeziehungen sind bei den Berufsschulen stark von der bestehenden Praxis geprägt (Kooperation in den Prüfungsausschüssen mit den Ausbildern, Betriebspraktika für Lehrer, Betriebserkundungen von Schülern und Lehrern sowie der Austausch über Leistungsstand und Lernschwächen von Auszubildenden). Da offenbar gerne auf bewährte Verfahren zurückgegriffen wird, sollen in der Regel die bestehenden Kooperationsformen fortgeführt werden. Zusätzlich wird der gemeinsamen Erarbeitung und Durchführung von Projekten durch Ausbilder und Lehrer sowie den regelmäßigen Arbeitstreffen zwischen Lehrern und Ausbildern eine hohe Bedeutung beigemessen. Damit ziehen die Berufsschulen Schlüsse aus der bestehenden Kooperationspraxis, die den von ihnen benannten Kooperationshindernissen entsprechen. Bei den Betrieben sind die Planungen zukünftiger Kooperationen weniger stark von der bestehenden Praxis geprägt (Kooperation in den Prüfungsausschüssen, Austausch über Leistungsstand und Lernschwächen von Auszubildenden etc.). Neue Formen sollen die bestehenden Kooperationsformen ergänzen. Dabei wird der gemeinsamen zeitlichen und organisatorischen Abstimmung von Ausbildungs- und Unterrichtsinhalten, den Betriebspraktika für Lehrer sowie den regelmäßigen Arbeitstreffen zwischen Lehrern und Ausbildern eine hohe Bedeutung beigemessen (vgl. Abbildung 36). So zeigt sich, daß die Betriebe momentan diejenigen sind, welche ein massives Interesse an der Veränderung der Berufsausbildung haben, während die Berufsschulen sich genau durch diese Ansprüche bedroht sehen. Das bedeutet, daß in Zukunft die Berufsschulen als Institution und die Lehrer als Personen lernen müssen, daß die bereits in Gang gekommenen Entwicklungen auch für sie positive Aussichten bieten. Demgegenüber sind die Betriebe aufgrund ihres ökonomischen Interesses eher als Innovationspromotoren anzusehen.

Das aus den Umfragen ersichtliche Spektrum der Vorschläge zur zukünftigen Arbeit bei Kooperationen ist auch für den Modellversuchsstandort Erlangen typisch. Die Teilnehmer des ersten Workshops äußerten Wünsche nach Koopera-

Abbildung 35: Möglichkeiten zur Verbesserung von Kooperationen aus Sicht der Ausbildungsbetriebe und Berufsschulen (in Prozent)

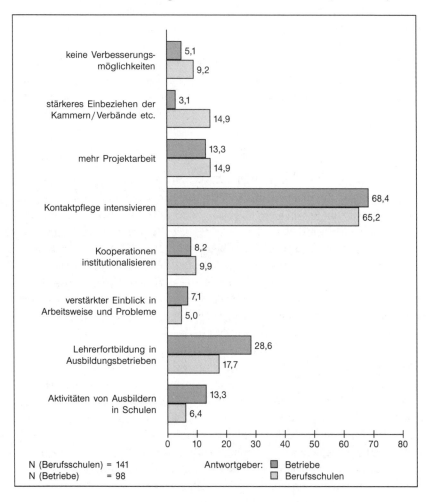

tionsaktivitäten in den Feldern Verständigung, infrastrukturelle Verbesserung der Ausbildung, Abstimmung der Inhalte, grundsätzliche Veränderungsvorschläge, Professionalisierung (gemeinsame Fortbildungen) und Prüfungen. Der Schwerpunkt lag bei der Abstimmung der Ausbildungsinhalte: Es wurde deutlich, daß das Thema Verständigung für wichtig gehalten wird, weil viele Berufsschullehrer und Ausbilder wechselseitige Informationsdefizite haben. Deshalb wurde diskutiert, ob dies ein ständiges Thema der Arbeitskreisarbeit sein sollte oder ein eigenständiges Projekt. Dem wurde entgegengehalten, daß das beiderseitige Kennenlernen überhaupt die Basis einer gemeinsamen Arbeit bildet. Einige Großbetriebe plädierten mehr für Abstimmungsprozesse, da sie die Berufsschulstrukturen bereits kennen. Andere Betriebe erfahren vom Schulalltag oft nur über die Auszubildenden etwas. In diesem Fall besteht das Bedürfnis, sich zunächst ein Bild über die Arbeit der Schule (und umgekehrt) zu verschaffen. Damit kann die Grundlage für die wechselseitige Akzeptanz beider Seiten geschaffen werden. Ein Teilaspekt der künftigen Zusammenarbeit auf diesem Feld ist im effizienteren Informationsaustausch bezüglich Leistungsstand und Lernschwierigkeiten der Auszubildenden zu sehen.

Die vorhandenen Perspektiven der Akteure in den Berufsschulen und den Ausbildungsbetrieben für ihre Kooperationsbeziehungen zeigen vor allem folgendes:
- Problembewußtsein und den Willen zur aktiven Veränderung.
- Offenheit gegenüber dem Partner, auch wenn beide Seiten sich vorstellen, daß vor allem der jeweils andere Partner mehr tun sollte.
- Den Wunsch nach qualitativer statt quantitativer Veränderung der Kontakte, d. h. ihrer Institutionalisierung und Intensivierung.
- Eine tendenziell übereinstimmende Sicht der Kooperationsmöglichkeiten in den Bereichen Projektarbeit, Abstimmungsprozesse und Aktualisierung der Ausbildungsinhalte, selbst wenn aufgrund besonderer Problemlagen manchmal etwas andere Akzente gesetzt werden.

Abbildung 36: Geplante bzw. in Zukunft gewünschte Kooperationen von Ausbildungsbetrieben und Berufsschulen im Vergleich (in Prozent)

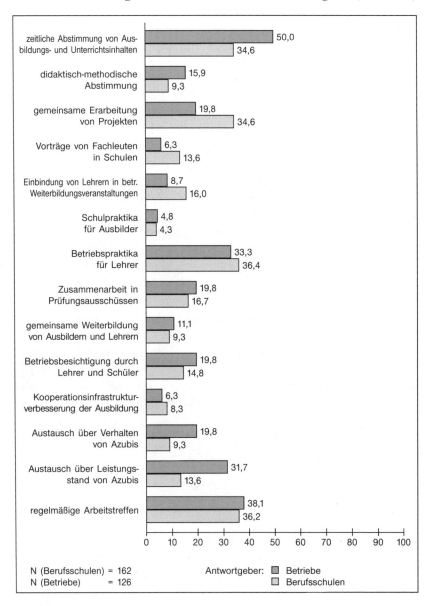

4.4.4 Vorschläge zur Umgestaltung des dualen Systems

Viele Berufsschulen und Ausbildungsbetriebe sehen keine Notwendigkeit zur Veränderung des dualen Systems der Berufsausbildung. Für den Fall, daß Veränderungsvorstellungen bestehen, gibt es zwischen Ausbildungsbetrieben und Berufsschulen jedoch erhebliche Differenzen. Im Unterschied zur Beurteilung der Kooperationsaktivitäten und ihrer Perspektiven haben die Partner andere Vorstellungen über die zukünftige Gestaltung des dualen Systems.

Die eher strukturkonservativen Positionen zur Entwicklung des dualen Systems der Berufsausbildung sind aufgrund der öffentlichen und politischen Debatten unterschiedlich ausgeprägt. Ausbildungsbetriebe sind eher offensiv in ihren Änderungsvorstellungen, während Berufsschulen eher defensiv reagieren. Dieser Strukturkonservatismus ist aber nicht notwendig negativ, da eine Einigkeit zwischen Berufsschulen und Betrieben besteht, an Bewährtem festzuhalten. Dies kann durchaus in Reformen überführt werden. Zudem kann das Eigeninteresse beider Partner eine positive Wendung erfahren, wenn in einer gleichberechtigten und offenen Atmosphäre diskutiert wird, was beibehalten werden muß und welche Innovationen wünschenswert sind.

Veränderungsvorschläge der Berufsschulen beziehen sich implizit oder explizit meist auf eine Stärkung ihrer Position im dualen System, da sie nur in ihm überleben können. Entweder wird die Einschränkung des Funktionsspektrums anderer Institutionen (z. B. überbetrieblicher Ausbildungsstätten) oder eine Ausweitung des Funktionsspektrums der Berufsschule befürwortet (z. B. Berufsschulen sollen verstärkt im Weiterbildungsbereich tätig werden).[58] Etwa ein Drittel der Berufsschulen ist für eine stärkere Berücksichtigung der Berufsschulnoten/-leistungen bei den Ausbildungsabschlußprüfungen (z. B. in Form eines gemeinsamen Abschlußzeugnisses). Dies ist allerdings ein Punkt, der auch von einigen Betrieben so gesehen wird. Sie unterstützen die Berufsschulen bei dieser Forderung: *„Anerkennung der Schulnoten als Ersatz für die theoretische Abschlußprüfung."*

Vorschläge zur Umgestaltung des dualen Systems der Berufsausbildung zeichnen sich also eher durch das Interesse an der Stärkung der eigenen Institution aus; das Gesamtziel einer optimalen Ausbildung für die Jugendlichen und die Betriebe rückt dagegen in den Hintergrund. So fordern die Berufsschulen z. B. mehr finanzielle Mittel und/oder die Ausweitung des Berufsschulunterrichts, zumindest aber die Beibehaltung des Berufsschulunterrichts im bisherigen Umfang, was ihre Position im System stärken würde.

Veränderungswünsche der Betriebe basieren auf ihren wirtschaftlichen Interessen und sind an der Berufsausbildung als solcher eher sekundär interessiert. Sie richten sich zwar weniger auf eine direkte Stärkung der betrieblichen Stellung im dualen System, beziehen sich aber ebenso wie die Vorstellungen der Berufsschulen überwiegend auf die andere Seite.

Die Vorstellungen beinhalten *erstens* eine größere Praxisnähe des Unterrichts, d. h. auch eine bessere Verbindung von Theorie (Lehrpläne) und Betriebspraxis (Ausbildungsordnung) sowie einen besseren Transfer des theoretisch vermittelten Stoffes, *zweitens* eine bessere und stärkere Abstimmung und Koordination von Aufgaben, Prüfungen und Ausbildungsinhalten (z. B. zwischen Lehr- und Ausbildungsplänen) zwischen Berufsschulen und Betrieben mit dem Ziel einer stärkeren Ausrichtung der Ausbildung auf die betrieblichen Interessen, *drittens* eine Ausweitung der Ausbildungszeit in den Betrieben durch die Reduzierung des Berufsschulunterrichts (mehr Praxis – weniger Theorie; weniger Schultage) und *viertens* eine schnellere Aktualisierung von Ausbildungsinhalten, Lehrplänen und Technik an Berufsschulen und in den Berufsbildern. Außerdem erwartet man sich flexiblere Reaktionen auf Entwicklungen des Arbeitsmarktes. Diese Vorstellungen fallen unter das Stichwort Optimierung der Ausbildung, da sie z. B. dem Zeitaufwand für die Ausbildung, der Reduzierung von Ausbildungszeiten und der gemeinsamen Ressourcennutzung gelten. Die an Betriebsinteressen orientierte Berufsausbildung muß betriebsspezifisch, kostengünstig und kurzfristig erfolgreich sein. Auch wenn unter schwierigen wirtschaftlichen Rahmenbedingungen die Betriebe sich nicht gerade für pädagogische Ideale begeistern werden, scheint es doch notwendig zu sein, neue Ausbildungskonzepte (z. B. arbeitsorientiertes Lernen) zu erproben. Damit sind Veränderungen der Ausbildung auch in den Betrieben anzuvisieren und im Zusammenhang einer einheitlichen Entwicklungsperspektive zu diskutieren.

5 Fazit: Modellversuch kobas – Innovationen durch Kooperationen

Die Bezugssysteme von Berufsschulen und Ausbildungsbetrieben sind in Strukturen und Funktionen unterschiedlich. Bei den Betrieben stehen Geschäftszweck und wirtschaftliche Ziele im Vordergrund. Außerdem hat sich die Ausbildung hier den betrieblichen Organisationsstrukturen unterzuordnen. Demgegenüber ist die Wissensvermittlung der Zweck der Berufsschulen.[59] Ihr Standpunkt ist von pädagogischen Einstellungen und ihrer Stellung als Institution des öffentlichen Bildungswesens mit gesetzlichem Bildungs- und Erziehungsauftrag geprägt, der über den unmittelbaren Verwertbarkeitsgedanken der Betriebe hinausgeht (vgl. Pätzold 1997, S. 4).

Daraus erklären sich z. B. die unterschiedlichen Ansichten zur Fortentwicklung des dualen Systems mit ihren eher defensiven Positionen der Berufsschulen bzw. dem offensiveren Charakter der Forderungen der Betriebe an die Berufsschulen. Die Berufsschulen stehen durch die Diskussionen um die Zukunft der Berufsausbildung in Deutschland unter Druck. Ihre Funktionalität wird tendenziell durch die Forderung nach Streichung des zweiten Berufsschultages in Frage gestellt. Demgegenüber sind für die Betriebe weder der Betriebszweck noch die Ausbildung durch eine Umgestaltung bedroht. Im Gegenteil, eine Dezentralisierung ihrer Ausbildungsbemühungen scheint ihnen als adäquate Strategie zur Bewältigung neuer Anforderungen.

Dieser Unterschied führt zwar zu einem etwas prekären Innovationsklima, aber die unterschiedlichen Standpunkte, Strukturen und Interessen versprechen einen koproduktiven Einsatz für Innovationen, wenn die Zusammentreffen offen und gleichberechtigt gestaltet werden. Denn gerade unter solchen Bedingungen können sich Innovationen entwickeln. Im Zentrum des dualen Systems, an den Schnittstellen der Subsysteme, wird eine Kooperationsstruktur und -kultur notwendig, die im Spannungsfeld von unterschiedlichen Interessen, strukturell bedingten Schwierigkeiten und individuellen Friktionen dennoch die notwendigen Modernisierungen auf den Weg bringt. Diesen Ansatz verfolgt der Modellversuch kobas.

Unsere bisherigen Untersuchungen zeigen, daß das duale System der beruflichen Erstausbildung heute bei allen positiven Ansätzen zur Lernortkooperation generell noch von einem Nebeneinander der autonomen Systeme Berufsschule und Ausbildungsbetrieb geprägt ist. Maßgebend ist für die Lernorte derzeit nicht das Erreichen eines übergeordneten berufspädagogischen Ziels, sondern die Realisierung der eigenen Interessen im System. Die damit verbundene inflexible Aufgabenverteilung zwischen den Partnern, nach der die Betriebe für die praktische und die Berufsschulen für die theoretische Vermittlung zuständig sind, kann den neuen komplexen Anforderungen nicht gerecht werden. Im Gegenteil: Für die Bewältigung neuer Ausbildungsaufgaben ist sie sogar hinderlich. Damit ist der Bedarf nach einer Neustrukturierung des Verhältnisses von schulischer und betrieblicher Berufsausbildung gegeben, die die starre Abgrenzung der pädagogischen Funktionen von Ausbildungsbetrieben und Berufsschulen aufhebt.

Eine Modernisierung des dualen Systems der Berufsausbildung setzt eine stärkere und veränderte Zusammenarbeit von Betrieben und Berufsschulen in innovativen Netzwerken voraus, weil innovative Konzepte auch in großbetrieblichen Ausbildungsstrukturen ihr berufpädagogisches Ziel nicht ohne Lernortkooperationen erreichen, in Klein- und Mittelbetrieben Innovationen ohne sie erst gar nicht in Gang kommen, Lernortkooperationen außerdem Aktualität und Praxisnähe des vermittelten Wissens sichern und die Ressourcennutzung optimieren (vgl. Walden 1996, S. 102 ff.). In den Umfrageergebnissen zeigt sich eine Perspektive für die Weiterentwicklung der Kooperationsbeziehungen zwischen Ausbildungsbetrieben und Berufsschulen, die auf ein offenes Innovationsklima und institutionalisierte Innovationsstrukturen gerichtet ist. Damit kann folgendes bewirkt werden:

- *Abbau von Vorurteilen:* Mit der Institutionalisierung und Verstetigung der Kooperationsbeziehungen können vorurteilsbedingte Kommunikationsprobleme vermindert werden. Die Einstiegsbarrieren für den Kontakt zur anderen Seite sind zu hoch, wenn aufgrund objektiver Bedingungen der Einblick in Arbeitsweisen, Strukturen und Problemlagen des Partners fehlt. Als erster Schritt muß der Abbau von unzutreffenden Einschätzungen des dualen Partners dann aber zu Veränderungen der Praxis der Akteure führen.
- *Qualität der Zusammenarbeit:* Institutionalisierungsbemühungen sollten nicht unbedingt auf eine höhere Kontaktfrequenz zielen, sondern auf eine andere Qualität der Zusammenarbeit, was von vielen Betrieben und Berufsschulen gewünscht bzw. als notwendig erachtet wird.
- *Gemeinsame thematische Interessen der Akteure als Ausgangspunkt:* Es gibt Themen und Formen der Kooperation, die sowohl von Betrieben als auch Berufsschulen für die Zukunft gewünscht werden: beispielsweise die schnellere Neuordnung von Berufen, die stärkere Verzahnung von Aus- und Weiterbil-

dung, das stärkere Ineinandergreifen von theoretischer Ausbildung und praktischer Arbeit, die Senkung der Kosten durch optimalen Ressourceneinsatz und die stärkere Berücksichtigung der betrieblichen Realität in der Berufsausbildung. Daraus ergeben sich eine Reihe von Anknüpfungspunkten für die Weiterentwicklung von Kooperationen im dualen System der Berufsbildung. Eine Neuverteilung von Theorie und Praxis, die nicht mehr auf einer strikten Trennung der Lernorte beruht, erhöht für die Betriebe die Attraktivität der dualen Ausbildung. Der Wunsch nach verstärkten Abstimmungsprozessen verweist darauf. Und die Ergebnisse zeigen auch eine dazu vorhandene Bereitschaft der Akteure im dualen System.

- *Erhöhte Flexibilität der Berufsschulen:* Die flexible Organisation des Unterrichts vor Ort mit Freiheiten bei der Unterrichtsgestaltung wird von den Akteuren in den Ausbildungsbetrieben und Berufsschulen gleichermaßen gewünscht und als Bedingung innovativer Kooperationsstrukturen gesehen.

- *Voraussetzungen für eine gemeinsame Ressourcennutzung:* In Zeiten knapper Mittel und steigenden Kostendrucks auf Unternehmen und Berufsschulen kann durch institutionalisierte Kooperationen eine Ressourcenoptimierung und damit eine Kostenentlastung erreicht werden. In diesem Sinne begreifen viele Betriebe und Berufsschulen Kooperationen bereits als Optimierungsstrategie. Sie kann praktisch umgesetzt werden, wenn mittelfristig verläßliche Strukturen vorhanden sind.

- *Reduktion struktureller Kooperationsprobleme:* Die auf derzeitige Strukturen zurückzuführenden Probleme wie die Vielzahl von Ansprechpartnern und Institutionen verursachen einen organisatorischen Aufwand, der Kooperationen eher behindert als fördert. Neue Formen der Institutionalisierung können hier Abhilfe schaffen.

- *Verankerung der Kooperation als Kernaufgabe im berufspädagogischen Selbstverständnis der Akteure:* Es reicht nicht aus, einen Kooperationsbeauftragten an einer Schule zu benennen; auch andere ähnlich halbherzige Vorschläge zur Institutionalisierung sehen daran vorbei, daß der Kern des Innovationsproblems in der dualen Ausbildung darin besteht, daß die Akteure ihre Zusammenarbeit nicht als zentrale Aufgabe ihrer Arbeit verstehen. Für die Herausbildung eines gemeinsamen, didaktisch-methodisch orientierten Kooperationsverständnisses auf beiden Seiten ist ein institutioneller Rahmen erforderlich, der sich durch relative Stabilität auszeichnet. Institutionalisierungen weisen eine Gleichartigkeit und Regelmäßigkeit auf, die durch rechtliche Regelungen, organisatorische Strukturen, wertbegründete Normen und Kommunikationsstrukturen geprägt sein kann.

- *Konsens über die Reformstrategie:* Die Verbesserung der Kooperationsbeziehungen zwischen Berufsschulen und Betrieben stellt nicht den großen Wurf einer Reform des dualen Systems der beruflichen Erstausbildung in Deutschland dar, sondern bietet eine realistische kleinschrittige Entwicklungsstrategie zur generellen Systemreform, die im Unterschied zu einer prinzipiellen Reorganisation des Systems bei den Akteuren konsensfähig und praktisch realisierbar ist.

Auf diese Tendenzen Bezug nehmend, werden mit den Arbeiten im Rahmen des Modellversuchs kobas Umstrukturierungen vorbereitet und unterstützt, die im dualen System der Berufsausbildung ohnehin anstehen. Die traditionelle Aufgabenverteilung und Zusammenarbeit zwischen den Partnern im dualen System wird verändert. kobas geht davon aus, daß im Berufsausbildungssystem selbst Ressourcen liegen, die zu einer Effektivierung der Ausbildungspraxis in der beruflichen Erstausbildung beitragen können, sofern eine intensivere und verstärkte Kooperation zwischen den Ausbildungsbetrieben und Berufsschulen stattfindet. Im Modellversuch wird erprobt, wie eine systematische Zusammenarbeit von Betrieben und Berufsschulen durch institutionalisierte Kooperationsstrukturen gestaltet werden kann.

Gemeinsam mit den beteiligten Berufsschullehrern und Ausbildern entwickelt kobas Verfahren zur Systematisierung und Verstetigung bestehender Lernortkooperationen. Dabei wird an bestehenden Kooperationsformen angeknüpft, ihre Strukturen erfaßt und analysiert und deren Erfahrungen auf Übertragbarkeit hin untersucht. Die Arbeit konzentriert sich auf methodisch-didaktische Aspekte, die institutionellen Rahmenbedingungen sowie die Einstellungen und Qualifikationen der Akteure. Die daraus gewonnenen Erkenntnisse werden in allgemeine Handlungsanleitungen überführt, die Ausbildungsprozesse und schulische Unterrichtsprozesse wechselseitig so ineinandergreifen lassen, daß ihre lernortspezifischen Potentiale und Vorteile zu einem Lehr-Lernprozeß integriert werden. Bei dieser Herangehensweise geht es also nicht mehr um eine partikulare Problemlösung an einem der Lernorte, denn diese verdankt sich immer nur einer eingeschränkten Problemsicht.

Im Vergleich zu den bisherigen Bemühungen um die Verbesserung der Kooperation zwischen Ausbildungsbetrieben und Berufsschulen in der beruflichen Erstausbildung betritt der Modellversuch kobas Neuland. Es ergeben sich folgende Unterschiede:

- *Pädagogische versus strukturell-methodische Unterstützung der Kooperationsvorhaben durch dauerhafte Institutionalisierung:* kobas hat nicht zur Aufgabe, neue Kooperationen zu bestimmten Themen zu stiften und anzuleiten, d. h., Innovationen vorzugeben, die via Lernortkooperation ins Werk gesetzt werden, sondern setzt an bestehenden Kooperationen von Berufsschulen und Ausbildungsbetrieben an, um Lernortkooperationen selbst zum Motor ständiger Innovationen zu machen. Dafür werden Bedingungen der Systematisierung und Institutionalisierung geschaffen. Auch wenn das zunehmend als Notwendigkeit erkannt wird, fehlten bisher doch die Instrumente für eine dauerhafte Institutionalisierung. Diese werden nun von kobas entwickelt. Die angestrebte Institutionalisierung besteht darin, eine festere und kontinuierlichere Kooperationsform mit Entscheidungsmöglichkeiten der Akteure zu schaffen. Auf diese Weise sollen im System der dualen Berufsausbildung innovative Schnittstellen entwickelt werden, die es immanent vorantreiben. Insofern kommt den Gegenständen der Kooperation im Modellversuch keine besondere Bedeutung zu. Sie decken übergreifend die Felder ab, in denen ein Modernisierungsbedarf besteht und auf die eine längerfristige *Kooperation mit dem Ziel der Effektivierung der Ausbildungspraxis deshalb ausgerichtet sein muß. In anderen Modellversuchen kam bisher in der Regel keine dauerhafte Institutionalisierung der Kooperationsbeziehungen zustande, da sie sich auf bestimmte Gegenstände (z. B. Umweltbildung, Informationstechnologien), methodisch-didaktische Problemlösungen und mittelfristige Strukturveränderungen konzentrierten. Die Kooperation der Lernorte war einerseits Erprobungsfeld für die jeweilige Innovation und von daher in ihren Möglichkeiten ein Thema, andererseits wird die Kooperation als potentieller Träger der jeweiligen Innovation zum Gegenstand von Optimierungsdebatten. Sie standen und fielen dabei häufig mit dem persönlichen Engagement der Beteiligten, weil sie überwiegend von individuellen Konstellationen abhängig waren.

- *Transfer im Modellversuch versus Transfer danach:* Der Transfer in das Regelumfeld findet bei kobas innerhalb der Modellversuchslaufzeit statt. Dadurch wird die Übertragbarkeit des entwickelten Verfahrens auf andere, noch zu entwickelnde Kooperationen gewährleistet. Bei anderen Modellversuchen ergaben sich demgegenüber manchmal Schwierigkeiten, weil der Transfer erst relativ spät im Pojektverlauf angesiedelt war.
- *Klein- und Mittelbetriebe versus Großbetriebe:* Bisher waren überwiegend Großbetriebe bzw. deren Bildungsabteilungen Partner von Berufsschulen in Modellversuchen zur Lernortkooperation in der beruflichen Erstausbildung. kobas versucht sich demgegenüber stark auf Klein- und Mittelbetriebe zu orientieren. Allerdings werden auch größere Betriebe einbezogen, um die Situation in der beruflichen Erstausbildung realistisch zu erfassen. Hier sind nämlich

zunehmend mehr Kooperationen zwischen kleineren und größeren Betrieben (z. B. in Ausbildungsverbünden) zu beobachten.

- *Bottom-up-Ansatz zur Entwicklung neuer transferfähiger Kooperationsmodelle versus Top-down-Ansatz:* kobas hat zum Ziel, die Selbstorganisation zu stimulieren, denn Kooperationsstrukturen entwickeln sich sowohl kurz- als auch langfristig durch Initiativen der örtlichen Akteure. Organisatorische Strukturen und Kooperationsinhalte können nicht von oben verordnet werden, wenn sie innovativ sein sollen. Genauso wie die Fähigkeit zu Innovationen nicht angeordnet werden kann, sondern von unten, d. h. aus der Praxis der Akteure, sich entwickeln muß. Deshalb gibt kobas den kooperierenden Akteure nicht einfach neue Inhalte und Methoden vor, sondern nimmt in seinem Bottom-up-Ansatz deren Interessen zum Ausgangspunkt für Entwicklungsanstöße in den bestehenden Kooperationsbeziehungen. In inhaltlicher Hinsicht wird dafür eine Fokussierung auf berufspädagogisch-didaktische Problemstellungen und deren Lösung durch die Kooperation von Lernorten und Lehrenden anstelle der üblichen Entwicklung von Curricula für ganz bestimmte Ausbildungsgänge angestrebt. Im Modellversuch kobas sind die Betroffenen die Akteure, die Projektträger greifen lediglich als Moderatoren, Berater und Organisatoren in den Kooperationsprozeß ein. Damit baut Kooperation hier nicht auf arbeits- oder dienstrechtlichen Verpflichtungen, sondern auf den Interessen und berufspädagogischen Einstellungen der Akteure auf.

Um das Ziel einer Institutionalisierung von Kooperationsbeziehungen zu erreichen, werden in kobas unterschiedliche Institutionalisierungsformen erprobt, die auf bereits existierenden Organisationsstrukturen aufbauen. Diese werden an mehreren Berufsschulstandorten in verschiedenen Berufsfeldern mit unterschiedlich strukturierten Ausbildungsbetrieben und Berufsschulen umgesetzt. Besonders werden Klein- und Mittelbetriebe berücksichtigt, um zu untersuchen, ob Kooperationen unabhängig von der personellen und finanziellen Ausstattung eines Ausbildungsbetriebes zustande kommen und dauerhaft funktionieren können.[60] Die Inhalte richten sich dabei nach den spezifischen Interessen der Beteiligten. Anhand dieser Kooperationsbeispiele wird ein Verfahren entwickelt, das eine dauerhafte Institutionalisierung unterstützt. Die institutionellen Rahmenbedingungen, die ihre dauerhafte Fortführung ermöglichen würden, bestehen jedoch noch nicht. Wenn sie allerdings vorhanden sind, dann erfordern sie auch eine Verhaltensänderung der Akteure, da Kooperationen ihren Ausgangspunkt in individuellen Konstellationen haben. In kobas findet die Umsetzung der genannten Ziele in *zwei Feldphasen* statt.

In der *ersten Feldphase* werden unterschiedliche Kooperationsverfahren erprobt, Kooperationsprobleme in unterschiedlichen Branchen und Berufsfeldern untersucht sowie Verfahren ihrer Verstetigung und Institutionalisierung entwikkelt. Dies geschieht durch die Identifizierung praxisorientierter und realisierbarer Verfahren bei Kooperationen, wo immer sie sich befinden, um Informationen zu erhalten, die es anderen Akteuren und Institutionen im dualen System ermöglichen, die entsprechenden Schritte zur Verbesserung ihrer Arbeit zu veranlassen. Insbesondere die Analyse von leistungssteigernden oder -mindernden Faktoren und deren Beschreibung steht dabei für die Gewährleistung des Transfers im Vordergrund. Dadurch soll eine Adaption positiver Entwicklungsstrategien erreicht werden. Der dahin führende Prozeß führt aus sich heraus zu Aktivitäten, welche die Objekte des zu untersuchenden Prozesses schon selbst verbessern. Grundlage bilden Vergleiche von Kooperationsverfahren. Es handelt sich also um einen systematischen Prozeß, der zum Herausfinden von Alternativen, zur Umsetzung von Strategien und zur Steigerung der Leistungsfähigkeit eingesetzt wird. Er bezieht sich auf die Betroffenen als die Experten von Lernortkooperationen, der Berücksichtigung von Spezifika und der Gestaltung des Untersuchungsprozesses als Teil einer dynamischen und wenig definierten Situation.[61]

Spezifische Kooperationsformen werden z. B. für das Handwerk aufgrund der besonderen Personalstruktur erwartet. Für unterschiedliche Kooperationsformen müssen also auch unterschiedliche Stufen der Institutionalisierung gefunden werden. Dabei bildet das Kennenlernen der Bedingungen und Probleme des dualen Partners immer den Ausgangspunkt. Das Ergebnis dieser Feldphase sind Handlungsanleitungen für die Akteure vor Ort. Sie sollen eine Hilfe für die systematische Zusammenarbeit von Ausbildern und Lehrern innerhalb institutionalisierter Kooperationsstrukturen sein.

In einem ersten Schritt wurden in dieser Feldphase die existierenden Lernortkooperationen in Bayern durch die in diesem Buch dargestellten Umfragen erfaßt. Nach ihrer Auswertung wurden fünf Modellversuchsstandorte in den Regierungsbezirken Unterfranken, Mittelfranken, Oberpfalz, Niederbayern und Oberbayern ausgewählt.[62] An allen Standorten sind Groß-, Mittel- und Kleinbetriebe aus der jeweiligen Region in den lernortübergreifenden Arbeitsgruppen vertreten. Weiterhin wurden im Regierungsbezirk Schwaben und Oberfranken die Modellversuchsstandorte Aichach (Elektrobereich, Handwerk) und Kulmbach (Bau) assoziiert. Diese Standorte werden ausschließlich vom ISB betreut. Für die Auswahl der Modellversuchsstandorte wurden strukturelle Selektionskriterien festgelegt, um sowohl die allgemein vorherrschenden als auch besondere Kooperationsformen zu erfassen (z. B. Größe der Berufsschulen/Betriebe, Region Stadt/Land, bestehende Kooperationsaktivitäten und Intensität, verschiedene Branchen und Berufsfelder). Außerdem wurde in qualitativen Interviews ermittelt, ob für die Arbeiten des Modellversuchs ein tragfähiges und ausbaufähiges Interesse bei den Akteuren existiert.

Die Arbeit der lernortübergreifenden Arbeitsgruppen (Kooperationsstellen) besteht zunächst darin festzuhalten, in welchen Bereichen der Ausbildung Probleme von Schul- und Betriebsseite gesehen und gemeinsam gelöst werden können: z. B. die Sicherstellung und Effektivierung der Kontaktpflege, die Integration neuer Ausbildungsinhalte, die Entwicklung von Strategien zur Vermeidung von Doppelarbeit sowie die Initiierung und Durchführung von gemeinsamen Fortbildungsveranstaltungen für Lehrer und Ausbilder. Darüber hinaus wurden systematische Zielklärungsprozesse eingeleitet und neue Arbeitsformen entwickelt, die eine Kontinuität der Arbeit sicherstellen. Aufgrund der unterschiedlich strukturierten Modellversuchsstandorte haben sich dabei verschiedene spezifische Kooperationsthemen und Arbeitsformen an den einzelnen Modellversuchsstandorten für die zukünftige Arbeit ergeben:

- In *Würzburg* geht es zunächst im Hotel- und Gaststättenbereich u. a. um die Entfrachtung der Stoffinhalte in den Lehrplänen, das Prüfungswesen und die Umsetzung von modernen Ausbildungsthemen mit Hilfe von Projekten.
- In *Erlangen* steht die Entwicklung von Strategien zur Verbesserung der Information und Kommunikation (z. B. telefonische Erreichbarkeit der Lehrer/ Ausbilder, regelmäßige Rückmeldungen bei disziplinarischen Problemen, Mitteilungen über den Leistungsstand, Maßnahmen zum besseren Verständnis für den dualen Partner, Kennenlernen der Funktionsweisen und Sachzwänge von Berufsschulen und Ausbildungsbetrieben) sowie die Abstimmung von Ausbildungsinhalten zwischen Berufsschule und Betrieben im Mittelpunkt der Aktivitäten im Metall- und Elektrobereich (Industrie).
- In *München* gibt es bereits erste gewachsene institutionalisierte Kooperationsstrukturen. Über den Förderverein der Berufsschule wurden schon in der Vergangenheit verschiedene Arbeitsgruppen gebildet, die sich praxisnah mit Fragen der Verbesserung der Kooperation beschäftigen. Im Bereich der IT-Berufe werden hier zunächst neue Verfahren der Abstimmung von Lehr- und Ausbildungsplänen erprobt.
- In *Schwandorf* sind die teilnehmenden Betriebe überwiegend Handwerksbetriebe aus dem Elektrobereich mit 5 bis 20 Beschäftigten. Da die Ausbildungsverantwortlichen in den Betrieben gleichzeitig auch die Betriebsinhaber sind,

verfügen sie in der Regel nur über einen engbegrenzten Zeitrahmen, in dem sie sich ausschließlich Fragen der beruflichen Erstausbildung widmen können. Kooperationsthemen wie die Verbesserung der Kommunikation zwischen den Lernorten, gemeinsame Fortbildungen von Lehrern und Ausbildern, Projekte und ein intensiverer Theorie-Praxis-Transfer stehen im Mittelpunkt der Arbeit.

- In *Passau* zeigt sich im Metallbereich (Industrie und Handwerk) ein stark divergierendes Kooperationsbild. Zum einen nimmt ein Betrieb am Modellversuch teil, der sich in fast allen Kooperationsfeldern (z. B. Lehrerpraktika, Ausbilderpraktika, regelmäßige Termine zum Informationsaustausch über Leistungsstand und Disziplinfragen, zeitlich-organisatorische Abstimmung von Ausbildungs- und Unterrichtsinhalten, gemeinsame Erarbeitung und Durchführung von Projekten) engagiert; zum anderen sind auch Betriebe in den Modellversuch eingebunden, deren Kooperationsaktivitäten sich häufig auf die Arbeit in Prüfungsausschüssen oder die Kontaktaufnahme bei disziplinarischen Problemen beschränken. Alle Betriebe bemängeln, daß die theoretischen Ausbildungsinhalte nicht ihrem Bedarf entsprechen. Daraus folgte für sie die Notwendigkeit, eine Arbeitsgruppe zu bilden, die Lehrplan, Ausbildungsordnung und betrieblichen Bedarf aufeinander abstimmt. Ein weiterer Aspekt der lernortübergreifenden Arbeitsgruppe Passau ist die Einbindung von Klein- und Mittelbetrieben in die schon stattfindende Projektarbeit.

An allen Modellversuchsstandorten wurden „Kooperationsstellen" mit jeweils einer lernortübergreifenden Arbeitsgruppe aufgebaut. Da an den Standorten unterschiedliche Kooperationsintensitäten existieren, werden je nach Entwicklungsstand der Kooperationsaktivitäten und schon vorhandenen Institutionalisierungsansätzen Organisation und Aktivitätsbereiche angepaßt. In ihnen sind Ausbilder und Berufsschullehrer, teilweise Vertreter von Kammern und Verbänden, Vertreter der Bezirksregierungen in ihrer Funktion als zuständige Schulaufsichtsbeamte, teilweise Auszubildendenvertreter, die Modellversuchsträger und die wissenschaftliche Begleitung vertreten. Den Ausgangspunkt der Kooperationsaktivitäten an einem Berufsschulstandort bildet entweder eine Fachklasse (Standort Schwandorf) oder ein Berufsfeld (Standort Passau) bzw. zwei Berufsfelder (Standort Erlangen).

Bei der Arbeit der Kooperationsstellen sind Ausbilder und Berufsschullehrer die wichtigsten Akteure am Standort. Sie wissen, wo ihre jeweiligen Probleme liegen, wie die Zusammenarbeit effektiver gestaltet werden kann und in welchen Problembereichen eine verstärkte Lernortkooperation hilfreich sein kann. Die

Rolle der Modellversuchsträger besteht darin, weitere Kooperationsaktivitäten anzustoßen und zu versuchen, einen institutionellen Rahmen zu schaffen. Ihre Leistungen sind:
- Moderation der Arbeitskreissitzungen, bis die Teilnehmer der Kooperationsstelle dies selbst übernehmen,
- Unterstützung der Arbeit durch den Transfer des Kooperations-Know-how anderer Kooperationsstellen,
- Sicherstellung des überregionalen Austausches,
- Integration von Kammern, Verbänden, Regierung und externen Beratern,
- Sicherung der Kontinuität der Arbeit der Kooperationsstelle durch die Dokumentation erprobter und erfolgreicher Verfahrensweisen aus allen Standorten.

Diese Koordinations- und Moderationsaufgaben sollen aber nach und nach von den Projektbeteiligten selbst übernommen werden. Da es um den Aufbau von sich selbst tragenden Kooperationsstellen geht, kann den Projektträgern nur eine Initiativfunktion zukommen.

Wenn es darum geht, einen Raum für die Entwicklung von Innovationen zu schaffen und diese anzustoßen, kann nicht erwartet werden, daß dies als Prozeß ohne Friktionen abläuft. So haben sich bisher schon bei der Etablierung von Kooperationsstellen beispielsweise folgende Probleme ergeben:

- Durch die Verlagerung von Aufgaben, die Veränderung traditioneller Rollen oder die Verschiebung von Ressourcen entsteht in Kooperationsprozessen – zumindest zeitweilig – bei den betroffenen Akteuren ein Bewußtsein, zu den „Innovationsverlierern" zu gehören. Solche „Verlierer" dürfen in den Kooperationsprozessen nicht vernachlässigt, sondern müssen auf eine für sie motivierende Weise in den Innovationsprozeß eingebunden werden.
- Tradierte Einstellungen, Vorurteile und wechselseitige Schuldzuweisungen machen sich auch in der Arbeit der Kooperationsstellen bemerkbar, selbst wenn der Wille zu einer veränderten Zusammenarbeit bei den Akteuren deutlich ausgeprägt ist.
- Strukturelle Probleme von Klein- und Mittelbetrieben (wie häufig wechselnde Ansprechpartner für Ausbildungsangelegenheiten insbesondere im Hotel- und Gaststättenbereich) oder die Überlastung der für die Ausbildung Zuständigen wirken sich in der Kooperationspraxis erschwerend aus.
- Strukturelle Rahmenbedingungen (z. B. Gesetzeslage, Prüfungsbestimmungen) oder fehlende Entscheidungskompetenzen vor Ort in den Ausbildungsbetrieben und Berufsschulen lassen den Akteuren manchmal wenig Spielraum für innovative Entscheidungen.

Die Arbeit der Kooperationsstellen zielt nicht unmittelbar auf die Institutionalisierung der Lernortkooperationen. Es geht ihnen in erster Linie um Innovationen in der dualen Ausbildung, wie definiert auch immer sie sein mögen. In diesem Sinne geht es z. B. in Erlangen um eine gemeinsame Ressourcennutzung, die Abstimmung der Ausbildungsinhalte und die Optimierung der Organisation. Die Kooperationsstellen bedienen sich dabei institutionalisierter Strukturen. Insofern wird Institutionalisierung als eine funktionale Methode zur kontinuierlichen Innovation des dualen Systems verstanden, die durch institutionelle Rahmenbedingungen unterstützt wird. In Kooperationsstellen institutionalisierte Lernortkooperationen sind also ein Mittel zum Zweck der Modernisierung des dualen Systems. Sie können die Innovationszentren sein. Absehbare Auswirkungen wird kobas auf das Berufsverständnis der Akteure, die Qualität der Kontakte, die Ausbildungs- und Unterrichtsorganisation, die infrastrukturelle Absicherung von Institutionalisierungen und die Rollenverteilung der dualen Partner haben. Diese erwarteten Auswirkungen sind als Gegenstand der Evaluation von kobas zu überprüfen.

In einer *zweiten Feldphase* von kobas (ab Herbst 1998) erfolgt dann der Transfer der bisher entwickelten Kooperationsverfahren durch einen Prozeß des produktiven Nachahmens schon während der Modellversuchslaufzeit. Die gesammelten und analysierten Erfahrungen werden auf andere Standorte und/oder andere Berufsfelder übertragen. Noch während der Laufzeit von kobas wird also der Transfer der Modellversuchsergebnisse in das Regelumfeld dadurch gewährleistet, daß die Fortentwicklung von Bewährtem mit Innovationen verknüpft wird. So werden Voraussetzungen dafür geschaffen, daß von den Beteiligten innovativ nutzbare Spielräume unter den bestehenden Rahmenbedingungen ausgelotet werden können. In die Beschreibung der Struktur einer Kooperationsstelle müssen daher die Kriterien Budget und Finanzen, Anbindung an die existierende Infrastruktur, Akteure, Personal, Sachausstattung und Arbeitsweise (Strategien, Formen, Probleme etc.) eingehen, um einen erfolgreichen Transfer zu gewährleisten.

Anmerkungen

[1] Beide Modellversuche werden vom Bundesministerium für Bildung, Wissenschaft, Forschung und Technologie gefördert. Der schulische Modellversuch wird zusätzlich vom Bayerischen Staatsministerium für Unterricht, Kultus, Wissenschaft und Kunst finanziert.

[2] Die duale Ausbildung beruht auf den zentralen Lernorten Berufsschule und Betrieb. Der Auszubildende lernt drei bis vier Tage in der Woche im Betrieb und einen oder zwei Tage in der Berufsschule. Vielfach werden die Berufsschultage auch in einem oder mehreren Blöcken zusammengefaßt. Der Berufsschulunterricht ergänzt im fachthematischen Bereich die praktische Ausbildung und führt die Allgemeinbildung fort. Die Grundlage des Systems bilden die anerkannten Ausbildungsberufe, von denen es derzeit ca. 370 gibt. Nach dem Berufsbildungsgesetz (BBiG) werden die für einen Ausbildungsberuf geltenden Inhalte, die Ausbildungsdauer und die Prüfungsanforderungen im Zusammenwirken von Bund, Ländern, Arbeitgebern und Arbeitnehmern festgelegt und durch Rechtsverordnungen des Bundes in Kraft gesetzt. Parallel hierzu erlassen die Länder Rahmenlehrpläne, in denen die Ausbildung in den Berufsschulen geregelt ist. Dieses duale System deckt aber nicht das gesamte Spektrum der beruflichen Erstausbildung ab. Neben ihm gibt es z. B. die berufliche Erstausbildung in Berufen mit staatlich anerkannten Abschlüssen, die nicht den Bestimmungen des BBiG unterliegen. In der Diskussion um die Zukunft der Berufsausbildung wird aber häufig das gesamte Spektrum der Berufe und nicht nur das eigentliche duale System angesprochen, weil auch andere Berufsfelder, wie z. B. die nichtärztlichen Heilberufe, von ähnlichen oder gleichen Problemen (Ausbildungsplatzmangel, fehlende Flexibilität etc.) betroffen sind. Ein großer Bereich dieses per Definition nicht dualen Ausbildungssystems sind mit etwa 117 000 Schülern im Jahre 1993 die Schulen des Gesundheitswesens, die eine volle berufliche Ausbildung anbieten. Außer den drei Berufen in der Arzthilfe, deren Ausbildung nach dem Berufsbildungsgesetz geregelt ist, sind alle weiteren Ausbildungsberufe im Berufsfeld Gesundheit, unabhängig von ihrer tatsächlichen Organisation, formal als schulische Bildung deklariert. Damit fällt die rechtliche Zuständigkeit für die Durchführung der Ausbildung auch bei den bundesrechtlich in zehn Berufsgesetzen geregelten 16 Gesundheitsberufen den Ländern zu. Neben den bundeseinheitlich geregelten Gesundheitsberufen (z. B. Krankenschwester) gibt es noch weitere 28 Gesundheitsberufe sowie sozialpflegerische und sozialpädagogische Berufe, deren Ausbildung in 47 unterschiedlichen Verordnungen, Erlassen und Gesetzen nach Landesrecht geregelt ist (z. B. Altenpfleger). Mit Ausnahme der Altenpflege gibt es für diese landesrechtlich geregelten Berufe jedoch nicht in allen Bundesländern staatlich anerkannte Ausbildungsgänge. Die Träger dieser Ausbildung sind in der Regel Kommunen, Kirchen, karitative Verbände etc., die zugleich Krankenhaus- bzw. Pflegeheimträger sind, denen die Schulen angegliedert sind (vgl. Jost 1995, S. 63 ff.; Alt/Sauter/Tillmann 1994, S. 36 ff.).
Die Bezeichnung „duales System" ist aber auch für den Kern des damit gemeinten Systems heute fragwürdig, weil Pluralisierungstendenzen die Legitimation der bislang akzeptierten Funktionszuweisungen in Frage stellen (vgl. Kutscha 1992, S. 148 ff.; Lempert 1995, S. 226 ff.):
- Die Trennung zwischen Theorie in der Berufsschule und Praxis im Betrieb existiert so heute nicht mehr. Theoretische Anteile werden zum Teil von Großbetrieben selbst vermittelt. Es ist eine Verschulung der großbetrieblichen Ausbildung durch Verlagerungen in produktions- und dienstleistungsferne Ausbildungszentren und eine „Entwertung" der Berufsschule durch den betrieblichen Unterricht eingetreten. In jüngster Zeit gibt es jedoch auch gegenläufige Tendenzen, da einige Großbetriebe aus Kostengründen eine Dezentralisierung ihrer Ausbildungs-

109

aktivitäten betreiben. Damit einher geht eine Rückbesinnung auf die Potentiale der Berufsschule im Bereich der theoretischen Ausbildung.
- Das duale System der Berufsausbildung ist heute ein plurales System unterschiedlicher Lernorte und Ausbildungsträger, für deren Effizienz und Entwicklungsperspektiven die Pluralität der Lernorte, die Flexibilität der Ausbildungsarrangements im Verbund unterschiedlicher Lernorte und die Mischstruktur des Steuerungssystems kennzeichnend sind. Es gibt viele Lernorte in unterschiedlichen Lernarrangements, denn außerschulische und überbetriebliche Einrichtungen übernehmen zunehmend systemnotwendige Funktionen. Dies betrifft vor allem den Bereich der Klein- und Mittelbetriebe, bei denen eine Kompensation der betrieblichen Ausbildung durch überbetriebliche Ausbildungsstätten zu verzeichnen ist. Typisch dafür sind einige Berufe des Baugewerbes (Zimmerer, Maurer etc.). Hier befinden sich z. B. die Auszubildenden während des ersten Lehrjahres nur noch relativ selten im Betrieb. Sie sind entweder in der Berufsschule oder werden in einer überbetrieblichen Bildungsstätte ausgebildet.

[3] In Europa haben nur Dänemark, Luxemburg und Österreich eine geringere Jugendarbeitslosigkeit.

[4] Diese Debatten legen die Überlegung nahe, ob für das System der Berufsausbildung nicht ein mittlerer Systematisierungsgrad wünschenswert ist, wie er für das System der Weiterbildung schon länger festgestellt bzw. gefordert wird (vgl. Döring 1995; Faulstich/Teichler/Döring 1995; Faulstich/Teichler/Bojanowski/Döring 1991). Bei diesem Ansatz ist allerdings wissenschaftlich noch nicht bestimmt, inwieweit mittlere Systematisierung bei der Weiterbildung ein existierendes System beschreibt: Es ist fraglich, ob „Weiterbildung der Titel für ein eigenes, operativ geschlossenes System" ist (Lenzen/Luhmann 1997, S. 8) – Harney (1997, S. 98) formuliert deutlich, daß „der Weiterbildung Systemcharakter im Sinne eines Funktionssystems nicht zukommt" – oder ob mittlere Systematisierung den Weg dahin beschreibt. Dies muß noch weiter analysiert und begrifflich geklärt werden.

Die Beurteilung des Systematisierungsgrades eines sozialen Systems bezieht sich aber bei jeder Variante auf folgende Strukturmerkmale, die Wirkungen hinsichtlich seiner Funktionalität, Innovationsfähigkeit und Flexibilität haben: Grad der funktionalen Binnendifferenzierung, Herausbildung reflexiver Mechanismen, Grad der gesellschaftlichen Anerkennung und Bedeutung, Systemzustand im Verhältnis von Stabilität und Flexibilität sowie Existenz eines konsensfähigen Normensystems.

Die Theorie einer mittleren Systematisierung in der Weiterbildung kann damit auch einen theoretischen Bezugspunkt für mögliche Strukturveränderungen in der beruflichen Erstausbildung bieten. Die Probleme in der dualen Ausbildung und die Debatten darüber legen es nahe, daß auch für dieses Bildungssubsystem ein solcher Systemzustand wünschenswert ist. Zwar gibt es einen anderen Ausgangspunkt als in der Weiterbildung – einen existierenden hohen Systematisierungsgrad und ein relativ gut ausgebildetes System –, jedoch ist auch hier aufgrund neuerer Entwicklungen und der diskutierten Lösungsansätze (z. B. Bedeutung des arbeitsorientierten Lernens, Modularisierung, Lernortkooperationen) davon auszugehen, daß ein anderer Systemzustand zunehmend als adäquat betrachtet wird, um die Funktionalität des Systems zu erhalten. Dazu müssen aber reflexive Mechanismen umgebaut oder geschaffen werden, eine andere funktionale Differenzierung angestrebt werden etc. Kurzum: Die nötigen Innovationen für eine bedarfsorientierte und flexible Umgestaltung des dualen Systems müssen initiiert und umgesetzt werden. Dafür müssen Institutionen geschaffen werden, die flexibel sind, das Wissen der Akteure im System nutzen und jenseits einer staatlichen Reglementierung ansetzen. Eine solche Funktion können z. B. institutionalisierte Lernortkooperationen erfüllen (vgl. Teichler/Döring 1995; Bojanowski/Döring/Faulstich/Teichler 1991; Faulstich 1997).

⁵ Das bisher gültige Prinzip, wonach Funktionen der Weiterbildung immer wieder in die berufliche Erstausbildung zurückverlagert werden (z. B. informationstechnische Grundbildung), wird bei dieser Auffassung umgekehrt. Damit verliert die berufliche Erstausbildung im Verhältnis zur Weiterbildung tendenziell an Bedeutung (vgl. Sauter 1997, S. 72 ff.; Dohmen 1996; Faulstich/ Döring 1996, S. 129 ff.; Döring 1997, S. 346 ff.).

⁶ Auf diesen Umstand sind z. B. häufig Schwierigkeiten bei der Einführung von Gruppenarbeit zurückzuführen.

⁷ Als innovationsförderliche Qualifikationen werden auch immer häufiger „Globalisierungsqualifikationen" genannt. Dabei handelt es sich um Fremdsprachen, kulturelle Bildungsaspekte, Verständnis für andere Kulturen, soziale Verhaltensweisen und politische Systeme etc. (vgl. Baethge/Andretta 1996, S. 45).

⁸ Bei Anlagenherstellern können sich z. B. heute die technischen Berufe (beispielsweise Industrieelektroniker – Gerätetechnik) nicht mehr nur auf gewerblich-technische Inhalte beschränken, da zunehmend kaufmännische oder soziale Qualifikationen für den weiteren Berufsverlauf nach der Ausbildung benötigt werden. Die Arbeitnehmer arbeiten nach Abschluß ihrer Ausbildung nur noch zu einem geringen Teil in der Produktion, sind aber häufig als Vertriebsassistenten o. ä. tätig. Auch in anderen Bereichen sind aus ähnlichen Gründen berufliche „Mischformen" (z. B. Mechatroniker) in der Diskussion.

⁹ Diese Verschulung ist auch schon in anderen Bereichen praktisch eingetreten: Zunehmend mehr Ausbildungen finden in einer Vollzeit-Schulform (z. B. im Pflegebereich) statt, bei der höchstens Praktika angeboten werden (vgl. Bundesministerium für Bildung, Wissenschaft, Forschung und Technologie 1996, S. 62 f.). Auch die zunehmende Ausbildung in überbetrieblichen Ausbildungsstätten verweist darauf, daß dieser Weg schon beschritten ist. Einschränkend ist anzumerken, daß der Grund dafür weniger in einer gezielten Ausrichtung der Ausbildung auf diese Einrichtungen liegt als im Mangel an Ausbildungsplätzen (vgl. Schlaffke 1996, S. 19).

¹⁰ Beispielsweise durch die Integration kaufmännischer Inhalte in gewerblich-technische Ausbildungsgänge.

¹¹ Arbeitsplätze sind schon immer Orte funktionalen, beiläufigen Lernens. Weil aber der Arbeitsprozeß nicht nach pädagogischen Kriterien gestaltet ist, bedarf eine umfassende berufliche Bildung berufspädagogischer Interventionen. Arbeitsorientiertes Lernen oder arbeitsplatznahes Lernen ist also nicht mit dem traditionellen Konzept der „Beistellehre" zu verwechseln. Es handelt sich im Gegensatz zum Lernen in der Arbeit um ein Konzept, welches durch Analyse und Aufbereitung der Arbeitssituation, z. B. in Form von Lerninseln, zur Reduzierung von Transferleistungen beiträgt (vgl. Dehnbostel 1997; Severing 1994; Severing 1996; Tyborczyk 1997; Peters 1997; Hahne 1997; Severing 1997).

¹² Darauf reagierten einige Großbetriebe in der Vergangenheit mit der Verdopplung der theoretischen Ausbildung in betrieblicher Lehrwerkstatt und Berufsschule, da sich das Verhältnis von theoretischer und praktischer Ausbildung dadurch erheblich verschiebt.

¹³ Der Grad des Engagements der Betriebe in der Berufsausbildung und mögliche Reaktionen darauf sind durchaus Gegenstand kontroverser Diskussionen. Kritiker der Betriebe fordern eine Umlagefinanzierung oder eine stärkere Verschulung der Ausbildung (vgl. Berufsausbildung: Von Rückzug keine Rede, 1997; Berufsausbildung: Katastrophen-Szenario fehl am Platz, 1997; Herdt 1997; Zedler 1997; Schropp 1996, S. 59 ff.; Bergmann 1996, S.17 ff.; Timmermann 1997, S. 329 ff.).

¹⁴ In anspruchsvollen Berufen ist teilweise kein Rückgang zu verzeichnen.

¹⁵ Die Zahl der angebotenen Ausbildungsplätze sank von 730 000 im Ausbildungsjahr 1985 auf 490 000 im Jahre 1995. Beteiligten sich in den achtziger Jahren noch etwa 35 Prozent aller Betriebe

an der Berufsausbildung, so sind es heute nur noch etwa 25 Prozent. Diese rückläufige Ausbildungsbeteiligung der Betriebe ist zum überwiegenden Teil auf die Abnahme der Ausbildungsbetriebe und nur unwesentlich auf die wachsende Anzahl der Betriebe insgesamt zurückzuführen. Eine Fortsetzung dieses Trends wird erwartet.

Der Abbau von Ausbildungskapazitäten in industriellen Großbetrieben in gewerblich-technischen Produktionsberufen entspricht der Abnahme der Beschäftigung im sekundären Wirtschaftssektor. Er läßt sich daher auch als Moment einer sinnvollen Umlenkung von Bewerberströmen in aussichtsreiche Branchen interpretieren. Der Dienstleistungssektor kann aber nur zum Teil die ihm zugeschriebene kompensatorische Funktion wahrnehmen. Der Trend ist also sektoral unterschiedlich. Zum Teil wird auch nur durch den Abbau von Ausbildungsplätzen die Schere zwischen Angebot und Nachfrage verkleinert – z. B. in Fertigungsberufen der Metallbranche (vgl. Zedler/Klein 1996, S. 39; Lempert 1995, S. 227; Heimann 1995, S. 46 f.; Alex 1996, S. 28; Bardeleben/Troltsch 1997, S. 10 f.; Timmermann 1997, S. 321 ff.). Die Gründe für die Rückläufigkeit von Ausbildungsplätzen sind vielfältig:
- Die Abnahme der Beschäftigung im industriellen Sektor, der eine hohe Bedeutung für die duale Ausbildung hat, geht einher mit dem Fehlen von Ausbildungsmöglichkeiten im wachsenden Dienstleistungssektor. In modernen Dienstleistungsbereichen gibt es noch immer viele „weiße Flecken" im dualen System der Berufsausbildung. Der Gesundheits- und Pflegebereich gehört ebenso dazu wie die boomende Kommunikationsbranche und der Umweltbereich. Häufig fehlen sogar qualifizierte Berufsbilder in diesen Bereichen. Gleichzeitig erfolgte in traditionellen Dienstleistungsberufen ein Rückgang der angebotenen Ausbildungsplätze. Ein Grund für den relativ geringen Anteil der Dienstleistungsberufe in der dualen Ausbildung liegt also darin, daß für die von dem starken Beschäftigungszuwachs betroffenen erzieherischen, sozialpflegerischen und allgemeinen Dienstleistungsberufe nur wenige Ausbildungsplätze im Verhältnis zu den steigenden Beschäftigungsmöglichkeiten angeboten werden. 47 Prozent der Auszubildenden werden heute in Fertigungsberufen mit Schwerpunkt Metall- und Elektrotechnik ausgebildet, 1975 waren es 50 Prozent. Zur gleichen Zeit stieg der Anteil der Auszubildenden in Dienstleistungsberufen ebenfalls nur relativ geringfügig von 44 Prozent auf knapp 48 Prozent an. In der Beschäftigung hat sich dagegen eine wesentlich stärkere Verschiebung vollzogen: Es sind heute nur noch knapp 30 Prozent der Erwerbstätigen in Fertigungsberufen tätig, 70 Prozent dagegen in Dienstleistungsberufen.
- Die schwierige Rekrutierung geeigneter Bewerber.
- Ein Strategiewechsel in der betrieblichen Nachwuchspolitik. Großbetriebe rekrutieren z. B. lieber Fachhochschulabsolventen, die sie in kurzen und kostengünstigen Trainingseinheiten betrieblich einarbeiten, anstatt wie bisher den Nachwuchs über duale Ausbildungsgänge auszubilden (vgl. Geißler 1995, S. 152 f.; Heimann 1995, S. 47).

Vor allem Betriebe in den neuen Bundesländern zeigen eine deutliche Zurückhaltung bei der Bereitstellung von Ausbildungsplätzen. Zuerst werden die Ausbildungskosten auf den Prüfstand des betrieblichen Controllings gestellt. Dann wird eine Kostensenkung im eigenen Haus und die Externalisierung der Ausbildungskosten betrieben. Daher suchen diese Betriebe nach Rekrutierungsstrategien, die kostengünstiger sind als die Qualifizierung eigener Auszubildender. Dies führt jedoch auch dazu, daß eigene Steuer- und Ausgleichspotentiale verlorengehen. Langfristig ist eine Unterversorgung mit qualifizierten Arbeitskräften zu befürchten, da auch die öffentliche Verwaltung zunehmend ihre Ausbildungsbemühungen einschränkt. Derartige betriebliche Ausbildungsstrategien haben deshalb zumindest teilweise den Charakter einer selbstzerstörerischen Kurzzeitpolitik (vgl. Kau 1995, S. 59 ff.). Bei der Berechnung der tatsächlichen Differenz zwischen Angebot und Nachfrage nach Ausbildungsplätzen gibt es allerdings unterschiedliche Ergebnisse (vgl. z. B. Zedler/Klein 1996, S. 35 f.; Alex 1996, S. 28 f.; Bundesministerium für Bildung, Wissenschaft, Forschung und Technologie, S. 9 f.; Weiß 1996, S. 151 ff.). Nach Berechnungen der Bundesanstalt für Arbeit stellt sich die Differenz der bei den Arbeitsämtern gemeldeten Berufsausbildungsstellen und Bewerber in Bayern und Deutschland von 1994/95 bis 1996/97 wie folgt dar (Bundesanstalt für Arbeit 1997, S. 611):

	Oktober 1994–Februar 1995		Oktober 1995–Februar 1996		Oktober 1996–Februar 1997	
	Ausbildungsstellen	Bewerber	Ausbildungsstellen	Bewerber	Ausbildungsstellen	Bewerber
Bayern	97 144	59 609	87 914	65 399	77 952	69 957
Deutschland	486 651	478 779	450 776	514 210	419 463	553 125

[16] Es ist darüber hinaus sogar zweifelhaft, ob ein ausgeglichenes Verhältnis von Angebot und Nachfrage bei Ausbildungsplätzen schon akzeptabel ist. Ein Berufswahlverhalten der Jugendlichen ist überhaupt nur möglich, wenn das Angebot die Nachfrage erheblich übersteigt (vgl. Jost 1995, S. 73).

[17] Die Schere zwischen Angebot und Nachfrage wird aber wahrscheinlich nicht groß werden, da die meßbare Nachfrage nach Lehrstellen zurückgeht, wenn das Ausbildungsstellenangebot zurückgeht. Dies hat nicht vorrangig mit einer mangelnden Attraktivität der dualen Ausbildung für Jugendliche zu tun, sondern mit Ausweichstrategien, die sich auch quantitativ bemerkbar machen (vgl. Behringer/Ulrich 1997, S. 6 f.; Bardeleben/Troltsch 1997, S. 11).

[18] Die Praxis zeigt, daß diese Tendenz nicht unproblematisch für die Personalpolitik der Betriebe ist. Ein Einsatz von Fachhochschulabsolventen auf gehobenen Facharbeiterstellen führt nicht selten zu einer geringen Arbeitszufriedenheit und in Folge davon zu einer unerwünscht hohen Fluktuation.

[19] Unter Lernortkooperation kann man Kooperationen innerhalb einer Berufsbildungsstätte – z. B. bei Betrieben Lehrwerkstatt, Arbeitsplatz etc. – und zwischen verschiedenen Partnern im dualen System der Berufsausbildung (Berufsschule, Ausbildungsbetrieb und überbetriebliche Ausbildungseinrichtung) subsumieren (vgl. Berger/Walden 1995, S. 409; Pätzold 1997, S. 3 f.). Aus pragmatischen Gründen wird hier der Begriff Lernort mit der jeweiligen Berufsbildungsstätte belegt.

[20] Darüber hinaus gibt es aber eine ganze Reihe von weiteren Vorschlägen zur Reform des dualen Systems, wie z. B. Vorschläge zur Kostenentlastung der Betriebe, zur Gleichwertigkeit von allgemeiner und beruflicher Bildung oder zur Aufwertung der Berufsschule durch eine Anrechnung von Berufsschulleistungen auf Ausbildungsprüfungen der Kammern (vgl. Kau 1995, S. 68 ff.).

[21] Da schon in der Vergangenheit erkannt wurde, daß verstärkte und qualitativ veränderte Kooperationen zwischen den institutionell getrennten Lernorten zur Optimierung der beruflichen Erstausbildung beitragen können, wurden über die üblichen Kooperationsaktivitäten zwischen den Partnern im dualen System hinaus (z. B. in Prüfungsausschüssen) bereits Modellversuche zu diesem Thema initiiert. Viele von den bisherigen Kooperationsmodellversuchen und -projekten hatten ihren Ausgangspunkt in den Klagen der Partner im dualen System über eine wenig effektive Zusammenarbeit zwischen Berufsschulen und Ausbildungsbetrieben. Diese Modellversuche zeichneten sich durch folgendes aus:

- Es wurde versucht, Optimierungsprozesse einzuleiten, die sich häufig nicht auf verallgemeinerbare, sondern auf einzelne Problemlagen konzentrierten.
- Darauf baute eine Optimierung an den jeweiligen Lernorten auf, die zwar die spezifischen Stärken herausarbeitete, aber nur wenige Synergieeffekte durch eine gemeinsame Optimierung erreichte.
- Aufgrund der Modellversuchsbedingungen waren zudem die Bedingungen für diese Kooperationen oft günstiger als in der normalen Ausbildungssituation. Sie wurden häufig davon getragen, daß Ausbilder und Berufsschullehrer ein besonders hohes Maß an Engagement aufbrachten. Dies hatte den Nachteil, daß sie in hohem Maße vom persönlichen Willen und Einsatz der jeweiligen Akteure abhängig waren. Aufgrund der mangelnden dauerhaften Institutionalisierung der Kooperationsaktivitäten kamen die eingeleiteten Maßnahmen häufig zum Erliegen, wenn z. B. Beteiligte ausschieden. Trotz der Erfolge im einzelnen stellte sich die Übertragbarkeit der Ergebnisse langfristig als schwierig heraus.
- Bei diesen Modellversuchen stand oft am Ende eine Curriculumentwicklung. Diese Curricula haben aber wegen der institutionellen Rahmenbedingungen – Orientierung auf Prüfungen, bei denen das Erreichte nur schwierig umzusetzen war – nicht im erhofften Ausmaß gegriffen.
- Die Projekte waren in vielen Fällen an die spezifischen Bedingungen und Anforderungen der Betriebe angepaßt, so daß sich auch deswegen eine Übertragung auf andere Situationen als zu umfangreich und zeitaufwendig herausstellte.

Eine Erfahrung dieser Modellversuche besteht deshalb darin, daß im Transfer nicht ein bestimmter Inhalt dem Regelumfeld angeboten werden darf, sondern der Prozeß der Kooperation. Es müssen Wege aufgezeigt werden, wie ohne einen großen Ressourcenaufwand Erfolge zu verzeichnen sind. Nur das macht die Übernahme eines Modells attraktiv.

[22] Auch für die Weiterbildung gibt es eine Debatte, ob neue Konzepte zur Kooperation verschiedener am Bildungsprozeß beteiligter Akteure und Institutionen zu einer besseren Ressourcennutzung führen können (vgl. Döring/Jantz/Meßmer 1997).

[23] Zu der Entwicklung der öffentlichen Haushalte mit ihren Auswirkungen auf die Bildungsfinanzierung vgl. Färber 1997; Wild 1997; Böttcher/Weiß 1997.

[24] Ein Beispiel ist das Fachzeichnen in vielen Berufsbildern. Zum einen findet häufig eine Verdopplung des Unterrichts in Lehrwerkstatt und Berufsschule statt; zum anderen ist es oft nicht verknüpft mit dem Anfertigen eines Werkstückes. Beides läßt sich ändern, wenn es in eine Projektarbeit eingebunden wird, wo die verschiedenen Inhalte an einem Gegenstand vermittelt werden. Grundlage dafür kann z. B. ein gemeinsamer Projektordner sein, der einheitliche Unterlagen enthält, mit dem beide Partner arbeiten.

[25] Institutionen sind ein Typ von institutionalisierten Handlungszusammenhängen in sozialen Systemen, der sich durch relative Stabilität auszeichnet. Sie weisen eine Gleichartigkeit und Regelmäßigkeit auf, die durch rechtliche Regelungen, organisatorische Strukturen, wertbegründete Normen und Kommunikationsstrukturen geprägt ist (vgl. Faulstich 1997, S. 142 f.). Institutionell identifizierbare Phänomene werden aber erst dann zu einem prägenden Merkmal sozialer Systeme, wenn sich auf ihrer Grundlage eine Struktur herausbildet, welche soziale Praxis generiert (vgl. Kade 1997, S. 38). Insofern ist bei der Beurteilung von Institutionalisierungen im Hinblick auf ihre systemische Funktionalität auch immer ihre strukturelle Einbettung zu beachten.

[26] Dieser Rücklauf ist bei Betriebsumfragen als durchaus hoch einzuschätzen, zumal hier auch berücksichtigt werden muß, daß die Betriebe ohne Kenntnis ihrer Ausbildungssituation für die Stichprobe ausgewählt wurden und nur Betriebe antworteten, die 1996 auch Auszubildende hatten.

[27] Diese Umfragen wurden mit Unterstützung der „Vereinigung der Arbeitgeberverbände in Bayern (VAB)" und des „Bayerischen Staatsministeriums für Unterricht, Kultus, Wissenschaft und Kunst" durchgeführt.

[28] Dieses Problem hat auch einen systematischen Grund: Die Kooperation mit der jeweils anderen Seite des Ausbildungsprozesses ist weder für Lehrer noch für Ausbilder institutionell oder rechtlich verbindlich allgemein vorgeschrieben bzw. geregelt. Nur die Arbeit in den Prüfungsausschüssen bildet hier eine Ausnahme.

[29] Anzahl der Betriebe.

[30] Bei der Bewertung dieser Umfrageergebnisse ist zu berücksichtigen, daß unser Sample ungleichmäßig besetzt ist. Kleinere Betriebe sind weitaus weniger als größere Betriebe aus den Branchen Metall und Elektro vertreten. Verzerrungen sind dadurch möglich. Daraus ergibt sich eine nur eingeschränkte Gültigkeit der Aussagen.

[31] Anzahl der Betriebe. Keine Nennungen in der Betriebsgrößenklasse 1–49 Beschäftigte.

[32] Zu dem Gehalt des Arguments „Zeitmangel" vgl. Abschnitt 4.4.2.

[33] Anzahl der Betriebe.

[34] Zu dem Gehalt des Arguments „Zeitmangel" vgl. Abschnitt 4.4.2.

[35] Auch bei Befragungen von Auszubildenden wurde von diesen häufig der fehlende Praxisbezug des Berufsschulunterrichts und Schwierigkeiten beim Transfer des Erlernten in die betriebliche Praxis kritisiert (vgl. Kutscha 1992, S. 151 ff.; Ebner 1997, S. 257). Dies zeigt, daß die hinter dieser Forderung stehende Berufsschulrealität scheinbar kein Einzelfall ist.

[36] Bei der Bewertung dieser Umfrageergebnisse ist zu berücksichtigen, daß unser Sample ungleichmäßig besetzt ist. Kleinere Betriebe sind weitaus weniger als größere Betriebe aus den Branchen Metall und Elektro vertreten. Verzerrungen sind dadurch möglich. Daraus ergibt sich eine nur eingeschränkte Übertragbarkeit der Aussagen.

[37] Hinsichtlich der Beurteilung der notwendigen Dauer und günstigsten Organisation des Berufsschulunterrichts gibt es erhebliche Differenzen zwischen Betrieben unterschiedlicher Größenklassen. *An den Modellversuchsstandorten Erlangen und Würzburg des Modellversuchs kobas zeigte sich z. B., daß der Blockunterricht auf Betriebsseite umstritten ist. Bei einigen Klein- und Mittelbetrieben widerspricht er den wirtschaftlichen Interessen. Darüber hinaus wird von ihnen bemängelt, daß die Schüler die Stoffülle nicht mehr verarbeiten können; durch die langen Berufsschulphasen haben Auszubildende das Problem, sich immer wieder neu in den betrieblichen Alltag einfinden zu müssen; da die zeitliche Belastung des fachpraktischen Lehrpersonals zu hoch ist, bleibt kaum Zeit für ein Gespräch, das für die Nachbereitung des Stoffes aber unerläßlich ist. Gerade Hauptschüler werden demnach durch den Blockunterricht häufig überfordert. Großbetriebe hingegen begrüßen oft den Blockunterricht, da die Auszubildenden in den Betriebsphasen ohne schulische Unterbrechungen einsetzbar sind. Jedoch ergeben sich auch hier aus pädagogischen Überlegungen heraus Vorbehalte gegenüber dem Blockunterricht. Ein befragter Großbetrieb führte aus: „Kein Blockunterricht, Ausbilder können auf schulische Probleme nicht einwirken (Nachhilfe, Vertiefung usw.), da die Zeitspanne zwischen den einzelnen Blöcken zu groß ist. Der Ausbildungsablauf ist bei unregelmäßigem Blockunterricht schwer zu koordinieren."*

[38] Anzahl der Betriebe.

[39] Anzahl der Betriebe.

[40] Davon 130 staatliche, 59 kommunale und 2 private Berufsschulen (Bayerisches Staatsministerium 1998).

[41] Nicht vollbeschäftigte Lehrer sind auf der Grundlage der vergüteten Wochenstunden auf Vollzeitlehrer umgerechnet (Bayerisches Staatsministerium 1998).

Anmerkungen

[42] Zum Teil verweisen die Antworten, ähnlich wie bei den Betrieben, darauf, daß sie auf einem eher „traditionellen" Verständnis der „Arbeitsteilung" zwischen Ausbildungsbetrieb und Berufsschule beruhen. Der Betrieb soll die praktischen Fertigkeiten und die Berufsschule die Theorie vermitteln. Demgegenüber ist es in der Ausbildungsrealität aber so, daß eine praktische Unterweisung im Betrieb nicht ohne theoretische Erklärung auskommen kann; umgekehrt kann der theoretische Unterricht in der Berufsschule nicht ohne Beziehung auf die Berufspraxis und entsprechende Übungen gestaltet werden. Dies drückt sich auch in der Forderung nach einer größeren Praxisnähe des Berufsschulunterrichts aus (vgl. Zedler/Koch, S. 7 f.). Daraus läßt sich folgern, daß es nicht einfach um noch mehr Abstimmung und Koordinierung geht, sondern um eine andere Kooperationsqualität: Die Stärken der Lernorte sind mit dem Ziel der optimalen Nutzung der vorhandenen Kapazitäten für den gemeinsamen Zweck zu bündeln. Damit wird dann auch nicht mehr nur der einzelne Einflußbereich geschützt.

[43] Zu dem Gehalt des Arguments „Zeitmangel" vgl. Abschnitt 4.4.2.

[44] Ein ähnliches Argumentationsmuster gibt es auch in den Betrieben gegenüber Lehrern und Berufsschulen, selbst wenn es nicht so weit verbreitet und fundiert ausgeprägt scheint.

[45] Diese Grafik gibt die Antworten auf die „offene" Frage wieder: „Wodurch wird Ihrer Einschätzung nach die Kooperation in der beruflichen Erstausbildung am meisten behindert?" Da die Antworten auf keinen vorgegebenen Kategorien beruhen und selbst formuliert wurden, gibt diese Grafik einen besseren Einblick in die realen Problemeinschätzungen der Akteure in den Berufsschulen als Grafik 19.

[46] Anzahl der Berufsschulen.

[47] Eine neue Rolle der Berufsschulen und Lehrer im dualen System könnte zu neuen Arbeitsformen (z. B. Beratung, Moderation, Koordination) von Lehrern führen, die allerdings flexible Rahmenbedingungen erfordern. Dadurch würde es auch nötig, zu neuen Modellen der Arbeitszeitberechnung und Entlohnung zu kommen. Damit würde dann diese heute beliebte Forderung vielleicht weniger Gewicht erhalten, weil andere Berechnungsgrundlagen und Mechanismen der Anerkennung geschaffen werden.

[48] Dies ist das Empfinden der Akteure. Eigentlich bringen Kooperationen das Eigeninteresse stärker zur Geltung.

[49] Zum Hintergrund, dem Gegenstand und den Inhalten der gegenwärtigen Modularisierungsdebatte vgl. Kloas 1997; Sauer 1997; Zeller 1997 b; Davids 1997; Sloane 1997.

[50] Anhaltspunkte für einen Trend zu einer verstärkten Grundbildung in der beruflichen Erstausbildung werden schon seit längerem festgestellt (vgl. z. B. Kau 1995, S. 66 ff.).

[51] Die Normalität einer solch hohen Kontakt- bzw. Kooperationsfrequenz bestätigen auch andere Untersuchungen. Sie wird aber angesichts der Aufgabenstellung des dualen Systems noch für zu gering gehalten (vgl. Walden 1996, S. 98).

[52] Der Nutzen dieser am häufigsten praktizierten Kooperationsform muß skeptisch betrachtet werden, da von einer erheblichen Diskrepanz zwischen Prüfungsanforderungen und Berufsfähigkeit auszugehen ist (vgl. Degen 1997, S. 418). Hinzu kommt, daß Berufsschullehrer nicht qua Institution, sondern als Einzelpersonen Mitglied im Prüfungsausschuß sind. Die institutionelle Einbindung ist bei dieser Kooperationsform also gering. Damit kann ihr Entwicklungspotential für eine Systematisierung und Verstetigung von Kooperationen nicht hoch eingeschätzt werden. Trotzdem kann diese Kooperationsform ein Ansatzpunkt sein, da sich die verschiedenen Akteure dort regelmäßig treffen.

[53] Daß heute ein Hauptthema von Kooperationen Lernschwierigkeiten und Disziplinprobleme sind und didaktisch-methodische Fragen demgegenüber zurückstehen, bestätigen auch andere Untersuchungen (vgl. Walden/Brandes 1995, S. 137; Pätzold 1995, S. 152; Pätzold 1997, S. 12).

⁵⁴ Allgemein werden sowohl an der Einstellung als auch an der Bereitschaft zur Fortbildung des Ausbildungspersonals Defizite festgestellt (vgl. Degen 1997, S. 417).

⁵⁵ Andere Untersuchungen kommen demgegenüber durchaus zu dem Ergebnis, daß sich Betriebsgröße und Ausbildungsberuf in signifikanter Weise auf die Intensität von Kooperationsaktivitäten auswirken (vgl. Pätzold 1997, S. 16).

⁵⁶ In der Praxis der dualen Berufsausbildung bilden Kooperationen, welche eine didaktisch-methodische Abstimmung zum Inhalt haben, eher die Ausnahme (vgl. Geschäftsstelle Kolorit, S. 17). Andererseits könnte dieses Ergebnis aber auch auf die Beurteilung der Antwortenden zurückzuführen sein, was unter zeitlicher und organisatorischer Abstimmung bzw. didaktisch-methodischer Abstimmung zu verstehen ist. Über 20 Prozent der Berufsschulen machen z. B. Projekte mit Ausbildungsbetrieben, was in der Regel eine didaktisch-methodische Abstimmung einschließt.

⁵⁷ Daran wird jedoch kritisiert, daß eine Neuordnung von Berufsbildungsgängen oder das Erstellen gemeinsamer Curricula zu lange dauern würde. Aufgrund der immer kürzeren „Halbwertszeit" des Wissens seien die Ergebnisse bereits überholt, bevor sie überall umgesetzt seien. Daraus wird die Notwendigkeit von Ad-hoc-Kooperationen mit dem Ziel konkreter Absprachen abgeleitet. Unseres Erachtens brauchen allerdings auch solche Kooperationen einen dauerhaften institutionellen Rahmen, wenn nicht der organisatorische Aufwand, der damit verbunden ist, sich immer wieder neu zu finden, in einem groben Mißverhältnis zum Ertrag stehen soll.

⁵⁸ Schon seit einiger Zeit wird eine stärkere Verzahnung von Aus- und Weiterbildung gefordert (vgl. Faulstich/Teichler/Bojanowski/Döring 1991, S. 103 ff.; Lennartz 1997, S. 14; Sellin 1997, S. 9; Keim 1997, S. 117).

⁵⁹ Diese Formulierung schließt zwar einerseits das erzieherische Moment des schulischen Unterrichts, die Anbahnung praktischer Fähigkeiten, die Vermittlung von Schlüsselqualifikationen und vieles mehr in einer gewissen begrifflichen Unschärfe ein, andererseits muß pointiert festgehalten werden: „Die Spezifik des pädagogischen Systems ist ... das Vermitteln von Wissen ..." (Kade 1997, S. 38).

⁶⁰ Vielen Ausbildungsbetrieben ist allerdings noch nicht einmal die Organisation ihres Teils der Ausbildung richtig deutlich (z. B. Organisation der überbetrieblichen Unterweisungen). Dies zeigt den Stellenwert der Ausbildung für diese Betriebe.

⁶¹ Diese Vorgehensweise orientiert sich an dem Verfahren des Benchmarking (vgl. Watson 1993).

⁶² Beteiligt sind die Staatliche Berufsschule mit Berufsaufbauschule in Erlangen, das Städtische Gewerbliche Berufsbildungszentrum I in Würzburg, die Städtische Berufsschule für Industrie- und DV-Kaufleute in München, die Oskar-von-Miller-Schule, Staatliche Berufsschule mit Berufsaufbauschule in Schwandorf und die Staatliche Karl-Peter-Obermaier-Berufsschule I in Passau.

Literatur

Adler, T./Dybowski, G./Schmidt, H.:
Kann sich das duale System behaupten? – Argumente für eine zukunftsorientierte Berufsausbildung, in: Berufsbildung in Wissenschaft und Praxis, H. 1 (1993), S. 3–10

Alex, L.:
Ausbildungsbeteiligung der Betriebe, in: Berufsbildung in Wissenschaft und Praxis, H. 5 (1996), S. 26–29

Alt, C./Sauter, E./Tillmann, H.:
Berufliche Weiterbildung in Deutschland. Strukturen und Entwicklungen, Bielefeld 1994

Arnold, R.:
Das duale System der Berufsausbildung hat eine Zukunft, in: Berufsbildung in Wissenschaft und Praxis, H. 1 (1993), S. 20–27

Baethge, M./Andretta, G.:
Neue Formen der Erwerbsarbeit und zukünftige Anforderungen des Beschäftigungssystems an die berufliche Bildung, in: Forschungsinstitut der Friedrich-Ebert-Stiftung (Hg.): Modernisierungsbedarf und Innovationsfähigkeit der Beruflichen Bildung, Bonn 1996, S. 39–46

Bardeleben, R. v./Troltsch, K.:
Betriebliche Ausbildung auf dem Rückzug? Entwicklung der Ausbildungsbeteiligung von Betriebe im Zeitraum von 1985 bis 1995, in: Berufsbildung in Wissenschaft und Praxis, H. 5 (1997), S. 9–16

Bauermeister, L./Rauner, F.:
Berufsbildung im Lernortverbund oder wie man aus der Not eine Tugend machen kann, in: Berufsbildung in Wissenschaft und Praxis, H. 6 (1996), S. 9–15

Bayerisches Staatsministerium für Unterricht, Kultus, Wissenschaft und Kunst:
Übersicht über die bayerischen Schulen. Grunddaten Berufsschule, Online im Internet: http://www.stmukwk.bayern.de (Stand 1998-02-02)

Behringer, F./Ulrich, J. G.:
Attraktivitätsverlust der dualen Ausbildung: Tatsache oder Fehldeutung der Statistik?, in: Berufsbildung in Wissenschaft und Praxis, H. 4 (1997), S. 3–8

Benner, H.:
Entwicklung anerkannter Ausbildungsberufe – Fortschreibung überkommener Regelungen oder Definition zukunftsbezogener Ausbildungsgänge?, in:

Euler, D./Sloane, P. (Hg.): Duales System im Umbruch: eine Bestandsaufnahme der Modernisierungsdebatte, Pfaffenweiler 1997, S. 53–69

Berger, K./Walden, G.:
Zur Praxis der Kooperation zwischen Schule und Betrieb – Ansätze zur Typisierung von Kooperationsaktivitäten und -verständnissen, in: Pätzold, G./Walden, G. (Hg.): Lernorte im dualen System der Berufsbildung, Bielefeld 1995, S. 409–450

Bergmann, M.:
Berufsbildungsreform im Spannungsfeld gesellschaftlicher Interessen – ein Diskussionsbeitrag aus gewerkschaftlicher Sicht, in: Ostendorf, A./Sehling, H. (Hg.): Berufsbildung im Umbruch: Beiträge zur aktuellen Berufsbildungsdiskussion, Bielefeld 1996, S. 13–22

Berufsausbildung: Katastrophen-Szenario fehl am Platz, in: iwd, H. 23 (1997), S. 4–5

Berufsausbildung: Von Rückzug keine Rede, in: iwd, H. 28 (1997), S. 2

Böttcher, W./Weiß, M.:
Sparstrategien und aktuelle Sparpolitik, in: Böttcher, W./Weishaupt, H./Weiß, M. (Hg.): Wege zu einer neuen Bildungsökonomie: Pädagogik und Ökonomie auf der Suche nach Ressourcen und Finanzierungskonzepten, Weinheim/München 1997, S. 61–71

Bojanowski, A./Döring, O./Herz, G.:
Neue Ansätze betrieblich-beruflichen Lernens, in: Bildungswerk Niedersächsischer Volkshochschulen e. V. (Hg.): Schriften zur Beruflichen Bildung, H. 4 (1993)

Bojanowski, A./Döring, O./Faulstich, P./Teichler, U.:
Strukturen der Weiterbildung in Hessen: Tendenzen einer „mittleren" Systematisierung der Weiterbildung, in: Mitteilungen aus der Arbeitsmarkt- und Berufsforschung, H. 3 (1991), S. 291–303

Bundesanstalt für Arbeit (Hg.): Amtliche Nachrichten der Bundesanstalt für Arbeit, H. 4 (1997)

Bundesministerium für Bildung, Wissenschaft, Forschung und Technologie (Hg.): Berufsbildungsbericht 1996, Bonn 1996

Buschfeld, D.:
Kooperation an kaufmännischen Berufsschulen: eine wirtschaftspädagogische Studie, Köln 1994

Davids, S.:
Berufsbegleitende Nachqualifizierung von Erwachsenen ohne Berufsausbildung – Realisierung eines modularen Konzepts in vier Modellversuchen, in:

Senatsverwaltung für Arbeit, Berufliche Bildung und Frauen, Berlin (Hg.): Modularisierung abschlußorientierter beruflicher Weiterbildungsmaßnahmen. Reader zur Fachtagung am 4. Dezember 1997 in Berlin, Berlin 1997, S. 69–81
Degen, U.:
Qualitätsaspekte der betrieblichen Berufsausbildung, in: Informationen für die Beratungs- und Vermittlungsdienste der Bundesanstalt für Arbeit, H. 6 (1997), S. 415–420
Dehnbostel, P.:
Optimierung von Lernorten aus betrieblicher Sicht, Vortrag anläßlich des 25jährigen Jubiläums des Schweizerischen Instituts für Berufspädagogik vom 20.–21. August 1997 in Bern/Zollikofen (Manuskript)
Die unerwünschte Generation, in: Der Spiegel, H. 26 (1997), S. 22–33
Dohmen, G.:
Das lebenslange Lernen. Leitlinien einer modernen Bildungspolitik, Bonn 1996
Döring, O.:
Strukturen der Zusammenarbeit von Betrieben und Weiterbildungsinstitutionen in der beruflichen Weiterbildung, Aachen 1995
Döring, O.:
Bedarfs- und Kapazitätsentwicklung in der Weiterbildung, in: Böttcher, W./Weishaupt, H./Weiß, M. (Hg.): Wege zu einer neuen Bildungsökonomie: Pädagogik und Ökonomie auf der Suche nach Ressourcen und Finanzierungskonzepten, Weinheim/München 1997, S. 342–359
Döring, O./Jantz, A./Meßmer, I.:
Möglichkeiten und Grenzen der Ressourcenoptimierung durch Kooperationen im Weiterbildungssystem, in: Böttcher, W./Weishaupt, H./Weiß, M. (Hg.): Wege zu einer neuen Bildungsökonomie: Pädagogik und Ökonomie auf der Suche nach Ressourcen und Finanzierungskonzepten, Weinheim/München 1997, S. 377–391
Drescher, E./Ehrlich, K.:
Kontinuierliche Selbstorganisation von Innovationen im Lernortverbund Berufsschule – Betrieb am Beispiel des neuen Berufs Prozeßleitelektroniker/in – ein Beitrag zu einer neuen Dualität in der Berufsbildung, Bremen 1996
Ebner, H. G.:
Die Sicht der Auszubildenden auf die Ausbildung, in: Euler, D./Sloane, P. (Hg.): Duales System im Umbruch: eine Bestandsaufnahme der Modernisierungsdebatte, Pfaffenweiler 1997, S. 247–262

Ehrlich, K./Heier, J.:
: Arbeiten und Lernen im Ausbilderteam: Abschlußbericht über den Modellversuch „Kontinuierliche und kooperative Selbstqualifizierung der Ausbilder in der industriellen Berufsausbildung" bei der Klöckner Stahl GmbH, Berlin/Bremen 1994
Empfehlung des Hauptausschusses des Bundesinstituts für Berufsbildung zur Kooperation der Lernorte, Beilage zur Berufsbildung in Wissenschaft und Praxis, H. 6 (1997)

Enggruber, R.:
: Benachteiligte des dualen Systems – chancenlos?, in: Euler, D./Sloane, P. (Hg.): Duales System im Umbruch: eine Bestandsaufnahme der Modernisierungsdebatte, Pfaffenweiler 1997, S. 201–221

Färber, G.:
: Demographische Entwicklung, Schulden, Pensionen und die Entwicklung der öffentlichen Haushalte, in: Böttcher, W./Weishaupt, H./Weiß, M. (Hg.): Wege zu einer neuen Bildungsökonomie: Pädagogik und Ökonomie auf der Suche nach Ressourcen und Finanzierungskonzepten, Weinheim/München 1997, S. 18–40

Falk, R.:
: Absolventen des dualen Systems: Berufliche Perspektiven in neuen Organisationsstrukturen, in: Schlaffke, W./Weiß, R. (Hg.): Das duale System der Berufsausbildung: Leistung, Qualität und Reformbedarf, Köln 1996, S. 70–105

Faulstich, P.:
: Diffusionstendenzen und Kooperationsstrategien zwischen Unternehmen und Erwachsenenbildungsträgern, in: Geißler, H. (Hg.): Weiterbildungsmarketing, Neuwied/Kriftel/Berlin 1997, S. 141–150

Faulstich, P./Döring, O.:
: Bestand und Perspektiven der informationstechnischen Weiterbildung in Bremen, in: Strukturkommission des Senats der Freien Hansestadt Bremen (Hg.): Untersuchungen zur bremischen Weiterbildung, Bremen 1995, S. 127–154

Faulstich, P./Teichler, U./Bojanowski, A./Döring, O.:
: Bestand und Perspektiven der Weiterbildung. Das Beispiel Hessen, Weinheim 1991

Faulstich, P./Teichler, U./Döring, O.:
: Bestand und Entwicklungsrichtungen der Weiterbildung in Schleswig-Holstein, Weinheim 1996

Frede, W. u. a.:
: Abschlußbericht zum Modellversuch Berufliche Weiterbildung im Kooperationsverbund „Schule – Betrieb" (BEWEKO), Bremen 1992

Geschäftsstelle Kolorit:
KOLORIT (Kooperation der Lernorte im Bereich neuer Informationstechnologien), Abschlußbericht, Gelsenkirchen o. J.

Geißler, K. H.:
Weiteres über die industrielle Berufsausbildung, in: Leviathan. Zeitschrift für Sozialwissenschaft, H. 2 (1995), S. 147–153

Geißler, K. H.:
Das duale System der industriellen Berufsausbildung in der Systemkrise!, in: Ostendorf, A./Sehling, H. (Hg.): Berufsbildung im Umbruch: Beiträge zur aktuellen Berufsbildungsdiskussion, Bielefeld 1996, S. 23–36

Hahne, K.:
Auftragorientiertes Lernen im Handwerk und Ansätze zu seiner Verbesserung, in: Berufsbildung in Wissenschaft und Praxis, H. 5 (1997), S. 3–8

Harney, K.:
Sinn der Weiterbildung, in: Lenzen, D./Luhmann, N. (Hg.): Bildung und Weiterbildung im Erziehungssystem: Lebenslauf und Humanontogenese als Medium und Form, Frankfurt/M. 1997, S. 94–114

Heermeyer, R./Lanfer, M.:
Modellversuch GoLo (Gestaltungsorientierte Berufsausbildung im Lernortverbund von Klein- und Mittelbetrieben und Berufsschule im Bereich gewerblich-technischer Berufsausbildung in der Region Wilhelmshaven). 1. Zwischenbericht, Bremen/Wilhelmshaven 1996

Heidegger, G./Rauner, F.:
Dualität der Lernorte und Lernortverbund – Begründungen und Perspektiven, in: Pätzold, G./Walden, G. (Hg.): Lernorte im dualen System der Berufsbildung, Bielefeld 1995, S. 107–126

Heimann, K.:
Krise der industriellen Berufsausbildung in westdeutschen Metall- und Elektrobetrieben, in: Pätzold, G./Walden, G. (Hg.): Lernorte im dualen System der Berufsbildung, Bielefeld 1995, S. 45–52

Herdt, U.:
Krise des dualen Systems: Gesundbeten hilft nicht länger, in: Erziehung und Wissenschaft, H. 7/8 (1997), S. 8–9

Heise, C./Jenewein, K./Nicolaus, M./Schulte-Göcking, W.:
Entwicklung beruflicher Handlungskompetenz durch ein Auftragstypenkonzept für die berufliche Erstausbildung, Duisburg 1996

Jost, W.:
Berufsausbildung, in: Böttcher, W./Klemm, K. (Hg.): Statistisches Handbuch zu Daten und Trends im Bildungsbereich, Weinheim/München 1995, S. 63–94

Kade, J.:
Vermittelbar/nicht-vermittelbar: Vermitteln: Aneignen. Im Prozeß der Systembildung des Pädagogischen, in: Lenzen, D./Luhmann, N. (Hg.): Bildung und Weiterbildung im Erziehungssystem: Lebenslauf und Humanontogenese als Medium und Form, Frankfurt/M. 1997, S. 30–70

Kau, W.:
Herausforderungen des dualen Systems in den 90er Jahren, in: Pätzold, G./Walden, G. (Hg.): Lernorte im dualen System der Berufsbildung, Bielefeld 1995, S. 53–74

Keim, H.:
Thesenpapier, in: Senatsverwaltung für Arbeit, Berufliche Bildung und Frauen, Berlin (Hg.): Modularisierung abschlußorientierter beruflicher Weiterbildungsmaßnahmen. Reader zur Fachtagung am 4. Dezember 1997 in Berlin, Berlin 1997, S. 117–118

Kell, A.:
Organisation, Recht und Finanzierung der Berufsbildung, in: Arnold, R./Lipsmeier, A. (Hg.): Handbuch der Berufsbildung, Opladen 1995, S. 369–397

Kloas, P.-W.:
Modularisierung in der beruflichen Bildung. Modebegriff, Streitthema oder konstruktiver Ansatz zur Lösung von Zukunftsproblemen, Bielefeld 1997

Koetz, G. K.:
Schule und ökonomische Vernunft, in: Böttcher, W./Weishaupt, H./Weiß, M. (Hg.): Wege zu einer neuen Bildungsökonomie: Pädagogik und Ökonomie auf der Suche nach Ressourcen und Finanzierungskonzepten, Weinheim/München 1997, S. 342–359

Kuper, H.:
Betriebliche Weiterbildung als Oszillation von Medium und Form, in: Lenzen, D./Luhmann, N. (Hg.): Bildung und Weiterbildung im Erziehungssystem: Lebenslauf und Humanontogenese als Medium und Form, Frankfurt/M. 1997, S. 115–146

Kutscha, G.:
Das Duale System der Berufsausbildung in der Bundesrepublik Deutschland – ein auslaufendes Modell?, in: Die berufsbildende Schule, H. 3 (1992), S. 145–156

Lempert, W.:
Das Märchen vom unaufhaltsamen Niedergang des „dualen Systems", in: Zeitschrift für Berufs- und Wirtschaftspädagogik, H. 3 (1995), S. 225–231

Lennartz, D.:
Neue Strukturmodelle für berufliches Aus- und Weiterbilden, in: Senatsverwaltung für Arbeit, Berufliche Bildung und Frauen, Berlin (Hg.): Modularisierung abschlußorientierter beruflicher Weiterbildungsmaßnahmen. Reader zur Fachtagung am 4. Dezember 1997 in Berlin, Berlin 1997, S. 11–15

Lenzen, D./Luhmann, N.:
Vorwort, in: Lenzen, D./Luhmann, N. (Hg.): Bildung und Weiterbildung im Erziehungssystem: Lebenslauf und Humanontogenese als Medium und Form, Frankfurt/M. 1997, S. 7–9

Luhmann, N./Schorr, E.:
Reflexionsprobleme im Erziehungssystem, Frankfurt/M. 1988

Modellversuch WOKI:
Wolfsburger Kooperationsmodell für den Ausbildungsberuf Industriekaufmann/-frau unter besonderer Berücksichtigung neuer Technologien – gemeinsamer Endbericht, Göttingen 1991

Münch, J.:
Die Pluralität der Lernorte als Optimierungsparadigma, in: Pätzold, G./Walden, G. (Hg.): Lernorte im dualen System der Berufsbildung, Bielefeld 1995, S. 95–106

Nickolaus, R.:
Beruf und Bildung. Anmerkungen zur aktuellen Ausprägung einer spannungsreichen Relation, in: Die berufsbildende Schule, H. 6 (1997), S. 185–190

Paul, U.:
Weiterentwicklung des dualen Systems der Berufsausbildung durch Kooperation zwischen Schulen und Ausbildungsbetrieben, in: Tagungsband 9. Hochschultage Berufliche Bildung '96, 1998 (Manuskript)

Paul, U./Döring, O.:
„kobas" – ein Modellversuch zur Verbesserung der Kooperation zwischen Berufsschulen und Ausbildungsbetrieben, in: Pro Jugend, H. 1 (1997), S. 33–34

Pätzold, G.:
Kooperation des Lehr- und Ausbildungspersonals in der beruflichen Bildung – Berufspädagogische Begründungen, Bilanz, Perspektiven, in: Pätzold, G./Walden, G. (Hg.): Lernorte im dualen System der Berufsbildung, Bielefeld 1995, S. 143–166

Pätzold, G.:
Möglichkeiten und Grenzen der Lernortkooperation im Dualen System der Berufsausbildung in Deutschland – Ergebnisse aus empirischen Untersuchungen, Vortrag anläßlich des 25jährigen Jubiläums des Schweizerischen Instituts für Berufspädagogik vom 20.–21. August 1997 in Bern/Zollikofen (Manuskript)

Peters, S.:
Zur Verbindung von Lernen und Arbeit in der Aus- und Weiterbildung durch Lernen im Arbeitsprozeß, in: Drees, G./Ilse, F. (Hg.): Arbeit und Lernen 2000: berufliche Bildung zwischen Aufklärungsanspruch und Verwertungsinteressen an der Schwelle zum dritten Jahrtausend, Bielefeld 1997, S. 193–216

Sauer, J.:
Können modular aufgebaute Qualifizierungskonzepte die nötigen Kompetenzen vermitteln?, in: Senatsverwaltung für Arbeit, Berufliche Bildung und Frauen, Berlin (Hg.): Modularisierung abschlußorientierter beruflicher Weiterbildungsmaßnahmen. Reader zur Fachtagung am 4. Dezember 1997 in Berlin, Berlin 1997, S. 21–23

Sauter, E.:
Zum Zusammenhang von Aus- und Weiterbildung – Trennungs- und Verbindungslinien am Beispiel der Aufstiegsweiterbildung, in: Euler, D./Sloane, P. (Hg.): Duales System im Umbruch: eine Bestandsaufnahme der Modernisierungsdebatte, Pfaffenweiler 1997, S. 71–90

Schlaffke, W.:
Die duale Berufsausbildung: Ein geschmähtes Erfolgssystem, in: Schlaffke, W./Weiß, R. (Hg.): Das duale System der Berufsausbildung: Leistung, Qualität und Reformbedarf, Köln 1996, S. 8–32

Schropp, F.:
Reform der beruflichen Bildung – Problemanalyse und Ableitung des Handlungsbedarfs aus Sicht der Industrie- und Handelskammer, in: Ostendorf, A./Sehling, H. (Hg.): Berufsbildung im Umbruch: Beiträge zur aktuellen Berufsbildungsdiskussion, Bielefeld 1996, S. 59–76

Sellin, B.:
Aktuelle Entwicklungen in der EU: Wohin führt die Modularisierung?, in: Senatsverwaltung für Arbeit, Berufliche Bildung und Frauen, Berlin (Hg.): Modularisierung abschlußorientierter beruflicher Weiterbildungsmaßnahmen. Reader zur Fachtagung am 4. Dezember 1997 in Berlin, Berlin 1997, S. 8–10

Severing, E.:
Arbeitsplatznahe Weiterbildung: betriebspädagogische Konzepte und betriebliche Umsetzungsstrategien, Neuwied 1994

Severing, E.:
Betriebliche Weiterbildung an industriellen Arbeitsplätzen, in: Geißler, H. (Hg.): Arbeit, Lernen und Organisation. Ein Handbuch, Weinheim 1996, S. 319–334

Severing, E.:
Lernen am Arbeitsplatz – ein Kernelement moderner Berufsausbildung?, in: Euler, D./Sloane, P. (Hg.): Duales System im Umbruch: eine Bestandsaufnahme der Modernisierungsdebatte, Pfaffenweiler 1997, S. 305–318

Sloane, P.:
Modularisierung in der beruflichen Ausbildung – oder: Die Suche nach dem Ganzen, in: Euler, D./Sloane, P. (Hg.): Duales System im Umbruch: eine Bestandsaufnahme der Modernisierungsdebatte, Pfaffenweiler 1997, S. 223–245

Teichler, U./Döring, O.:
Ansatz und Wirksamkeit von Unterstützungsstrukturen in der Weiterbildung, in: Strukturkommission Weiterbildung des Senats der Freien Hansestadt Bremen (Hg.): Untersuchungen zur bremischen Weiterbildung, Bremen 1995, S. 429–454

Timmermann, D.:
Die Krise der beruflichen Bildung und Wege gerechterer Finanzierung, in: Böttcher, W./Weishaupt, H./Weiß, M. (Hg.): Wege zu einer neuen Bildungsökonomie: Pädagogik und Ökonomie auf der Suche nach Ressourcen und Finanzierungskonzepten, Weinheim/München 1997, S. 314–341

Tyborczyk, H. W.:
Einführung von Lerninseln in der Ausbildungswerkstatt, in: Institut der deutschen Wirtschaft (Hg.): Innovationsorientierte Berufsbildung, Köln 1997, S. 24–30

Walden, G.:
Gestaltung betrieblicher Lernorte und die Zusammenarbeit mit der Berufsschule, in: Dehnbostel, P./Holz, H./Novak, H. (Hg.): Neue Lernorte und Lernortkombinationen – Erfahrungen und Erkenntnisse aus dezentralen Berufsbildungskonzepten, Bielefeld 1996, S. 91–109

Walden, G./Brandes, H.:
Lernortkooperation – Bedarf, Schwierigkeiten, Organisation, in: Pätzold, G./Walden, G. (Hg.): Lernorte im dualen System der Berufsbildung, Bielefeld 1995, S. 127–142

Watson, G. H.:
Benchmarking: vom Besten lernen, Landsberg/Lech 1993
Weiß, R.:
Berufsausbildung im Dienstleistungssektor: Neue Ausbildungsberufe oder neue Struktur der Berufsbildung, in: Schlaffke, W./Weiß, R. (Hg.): Das duale System der Berufsausbildung: Leistung, Qualität und Reformbedarf, Köln 1996, S. 142–170
Wild, P.:
Die Probleme der Bildungsfinanzierung aus Ländersicht, in: Böttcher, W./ Weishaupt, H./Weiß, M. (Hg.): Wege zu einer neuen Bildungsökonomie: Pädagogik und Ökonomie auf der Suche nach Ressourcen und Finanzierungskonzepten, Weinheim/München 1997, S. 41–60
Wittwer, W.:
Die nachlassende Orientierungsfunktion des Berufes in ihrer Konsequenz für die berufliche Aus- und Weiterbildung, in: Ostendorf, A./Sehling, H. (Hg.): Berufsbildung im Umbruch: Beiträge zur aktuellen Berufsbildungsdiskussion, Bielefeld 1996, S. 75–90
Zedler, R.:
Differenzierung innerhalb der Berufsausbildung: Förderung von Lernschwachen, in: Schlaffke, W./Weiß, R. (Hg.): Das duale System der Berufsausbildung: Leistung, Qualität und Reformbedarf, Köln 1996a, S. 171–190
Zedler, R.:
Stärkung der Berufsschule: Betriebe als Partner, in: Schlaffke, W./Weiß, R. (Hg.): Das duale System der Berufsausbildung: Leistung, Qualität und Reformbedarf, Köln 1996b, S. 217–238
Zedler, R.:
Rahmenbedingungen betrieblicher Bildungsarbeit, in: Institut der deutschen Wirtschaft (Hg.): Innovationsorientierte Berufsbildung, Köln 1997, S. 7–12
Zedler, R./Klein, H. E.:
Personalbedarf und Ausbildungskapazitäten: Diskrepanz zwischen Angebot und Nachfrage, in: Schlaffke, W./Weiss, R. (Hg.): Das duale System der Berufsausbildung: Leistung, Qualität und Reformbedarf, Köln 1996, S. 34–54
Zedler, R./Koch, R.:
Berufsschule – Partner der Ausbildungsbetriebe. Ergebnisse einer Unternehmensumfrage, in: Beiträge zur Gesellschafts- und Bildungspolitik, H. 7 (1992)

Zeller, B.:
Effizientere Formen der Lernortkooperation – ein Beitrag zur Modernisierung des Berufsausbildungssystems, in: Berufsbildung in Wissenschaft und Praxis, H. 4 (1997a), S. 16–21

Zeller, B.:
Lernen im Arbeitsprozeß – für Betriebe ein attraktives Element von Nachqualifizierungsmaßnahmen?, in: Senatsverwaltung für Arbeit, Berufliche Bildung und Frauen, Berlin (Hg.): Modularisierung abschlußorientierter beruflicher Weiterbildungsmaßnahmen. Reader zur Fachtagung am 4. Dezember 1997 in Berlin, Berlin 1997b, S. 24–38

Abbildungsverzeichnis

Abbildung 1: Klassische Schnittstelle zwischen Betrieben und Berufsschulen 22
Abbildung 2: Schnittstelle zwischen den verschiedenen Bezugssystemen „Ausbildungsbetrieb" und „Berufsschule" 26
Abbildung 3: Innovative Schnittstellen im Berufsausbildungssystem 28
Abbildung 4: Branchenverteilung der befragten Betriebe 30
Abbildung 5: Betriebe nach Größenklassen 31
Abbildung 6: Anzahl der neben- und hauptamtlichen Ausbilder 32
Abbildung 7: Anzahl der Ausbilder nach Betriebsgröße 33
Abbildung 8: Kooperationsaktivitäten bayerischer Ausbildungsbetriebe mit Berufsschulen im Jahre 1996 35
Abbildung 9: Kooperationsformen nach Berufsfeldern im Jahre 1996 aus Sicht bayerischer Betriebe 37
Abbildung 10: Kooperationsformen nach Betriebsgrößenklassen im Jahre 1996 aus Sicht bayerischer Betriebe 38
Abbildung 11: Probleme bei Kooperationen im Jahre 1996 aus Sicht bayerischer Betriebe 41
Abbildung 12: Probleme bei Kooperationen im Jahre 1996 aus Sicht bayerischer Betriebe bezogen auf einzelne Kooperationsformen 43
Abbildung 13: Perspektiven für den Ausbau der Kooperationsaktivitäten mit Berufsschulen aus Sicht bayerischer Betriebe 45
Abbildung 14: Mögliche Maßnahmen zur Verbesserung von Kooperationen im dualen System aus Sicht bayerischer Betriebe 47
Abbildung 15: Vorschläge bayerischer Betriebe zur Umgestaltung des dualen Systems der Berufsausbildung 53
Abbildung 16: Vorschläge bayerischer Betriebe zur Umgestaltung des dualen Systems der Berufsausbildung nach Betriebsgrößenklassen 54
Abbildung 17: Vorschläge bayerischer Betriebe zur Umgestaltung des dualen Systems der Berufsausbildung nach Branchen 55
Abbildung 18: Kooperationsaktivitäten bayerischer Berufsschulen mit Ausbildungsbetrieben im Schuljahr 1995/96 57
Abbildung 19: Ziele der Kooperationsaktivitäten von bayerischen Berufsschulen mit Ausbildungsbetrieben aus Sicht der Berufschulen 59

Abbildung 20: Veränderungen durch Kooperationsaktivitäten im Schuljahr 1995/96 aus Sicht der Berufsschulen 60
Abbildung 21: Probleme bei Kooperationen im Schuljahr 1995/96 aus Sicht der Berufsschulen 62
Abbildung 22: Negative Faktoren für Kooperationen im Schuljahr 1995/96 aus Sicht der Berufsschulen 63
Abbildung 23: Probleme bei Kooperationen im Schuljahr 1995/96 in den einzelnen Kooperationsformen aus Sicht der Berufsschulen 66
Abbildung 24: Gewünschter bzw. geplanter Ausbau von Kooperationsaktivitäten von Berufsschulen 69
Abbildung 25: Verbesserungsmöglichkeiten für Kooperationen aus Sicht der Berufsschulen 70
Abbildung 26: Maßnahmen zur Verbesserung von Kooperationen aus Sicht der Berufsschulen 75
Abbildung 27: Wünschenswerte Entwicklungen für die Verbesserung von Kooperationen aus Sicht der Berufsschulen 76
Abbildung 28: Vorschläge zur Umgestaltung des dualen Systems der Berufsausbildung von Berufsschulen 78
Abbildung 29: Kooperationsaktivitäten von Ausbildungsbetrieben und Berufsschulen im Vergleich 81
Abbildung 30: Initiatoren der Kooperationsaktivitäten aus Sicht der Ausbildungsbetriebe und Berufsschulen 83
Abbildung 31: Beurteilung des Beitrags von Kooperationsaktivitäten zur Verbesserung der beruflichen Ausbildung durch Ausbildungsbetriebe und Berufsschulen im Vergleich 84
Abbildung 32: Bedeutung der Zusammenarbeit für Ausbildungsbetriebe und Berufsschulen 85
Abbildung 33: Probleme bei Kooperationen aus Sicht der Ausbildungsbetriebe und Berufsschulen 88
Abbildung 34: Maßnahmen zur Entwicklung von Kooperationen aus Sicht der Ausbildungsbetriebe und Berufsschulen 90
Abbildung 35: Möglichkeiten zur Verbesserung von Kooperationen aus Sicht der Ausbildungsbetriebe und Berufsschulen 92
Abbildung 36: Geplante bzw. in Zukunft gewünschte Kooperationen von Ausbildungsbetrieben und Berufsschulen im Vergleich 94

Die Autoren

Dr. Ottmar Döring, Diplom-Sozialwirt, Jahrgang 1960, arbeitet am Institut für sozialwissenschaftliche Beratung (isob) in Regensburg. Veröffentlichungen u. a. zu Kooperationen in der beruflichen Weiterbildung, zu Fragen der Information und Beratung in der Weiterbildung und zur regionalen Situation des Weiterbildungssystems in Schleswig-Holstein, Hessen, Bremen und Sachsen-Anhalt.

Dr. Thomas Stahl, Jahrgang 1944, Leiter des Instituts für sozialwissenschaftliche Beratung (isob) in Regensburg und als Experte für die Europäische Kommission in Brüssel tätig. Veröffentlichungen zu Gegenständen der beruflichen Weiterbildung, zur Personalentwicklung, zum Bildungsmarketing sowie zur Organisations- und Regionalentwicklung.

Wirtschaft und Weiterbildung

Die Publikationen der Reihe Wirtschaft und Weiterbildung verstehen sich als Leitfaden für alle, die mit der beruflichen Bildung in Unternehmen, Institutionen und bei Bildungsträgern befaßt sind.

Die Veröffentlichungen basieren auf Ergebnissen innovativer Projekte der Beruflichen Fortbildungszentren der Bayerischen Arbeitgeberverbände e. V. (bfz).

Herausgeber der Reihe sind Herbert Loebe und Eckart Severing.

Die Bände können bestellt werden beim:

W. Bertelsmann Verlag
GmbH & Co.KG
Postfach 100633, 33506 Bielefeld
Telefon: (05 21) 9 11 01-0
Telefax: (05 21) 9 11 01 79
E-Mail: wbv@wbv.de
Internet: www.berufsbildung.de

Frauen in Führungs- und Entscheidungstätigkeiten
*Frauen – Erfolgsfaktor einer modernen Verwaltung
Ein Leitfaden
für Personalverantwortliche*

Erscheinungstermin IV. Quart. 1998

ISBN 3-7639-0061-6
Best.-Nr. 60.01.190

Die Reform der öffentlichen Verwaltungen führt zu geänderten Aufgaben und somit zu neuen Anforderungen an die Qualifikation der Beschäftigten. Vor diesem Hintergrund werden Konzepte zur aufstiegsorientierten Qualifizierung von Frauen in Kommunalverwaltungen beschrieben. Der Leitfaden zeigt auf, wie Weiterbildungsmaßnahmen mit dem Schwerpunkt Lernen am Arbeitsplatz den Reformprozeß unterstützen können. Fallbeispiele aus den Verwaltungen der Städte Augsburg, Nürnberg und Würzburg geben Anregungen für die praktische Umsetzung.

Weiterhin lieferbar:

Klein- und Mittelbetriebe als lernende Unternehmen
Formen der Zusammenarbeit von Bildungsträgern und KMU Dokumentation zum Modellversuch „Bildungsmarketing und neue Technologien in Klein- und Mittelbetrieben"

KLAUS ALBRECHT, RENATE GRANER-VARCHMIN, THOMAS STAHL, GERHARD STARK, MICHAELA STÖLZL, BERNHARD UFHOLZ
Bielefeld 1996, 304 Seiten

37,- DM
ISBN 3-7639-0060-8
Best.-Nr. 60.01.189

Die Studie stellt praxiserprobte Instrumente betrieblicher Weiterbildung für kleine und mittlere Unternehmen (KMU) vor, die als Basis für maßgeschneiderte, finanzierbare Weiterbildungsmodelle genutzt werden können. Bildungsträger sowie Klein- und Mittelbetriebe erhalten Anregungen und Grundlagen zur Entwicklung von Weiterbildungsmaßnahmen und Kooperationsformen.

Berufliche Weiterbildung für ältere Arbeitnehmer
Ein Leitfaden für Bildungsträger Dokumentation zum Modellversuch „Entwicklung und Erprobung von Qualifizierungskonzepten für ältere Arbeitnehmer aus der Industrie"

JOCHEN WENKE, THOMAS REGLIN, THOMAS STAHL (ANHANG)
Bielefeld 1996, 186 Seiten

27,- DM
ISBN 3-7639-0054-3
Best.-Nr. 60.01.184

Das Wissens- und Erfahrungspotential älterer Arbeitnehmer ist zur Bewältigung der anstehenden Modernisierungsprozesse in den Unternehmen unverzichtbar. Die bisherige Praxis, diese Gruppe von Weiterbildungsmaßnahmen weitgehend auszuschließen, kann sich schon bald als Risiko erweisen. Der Leitfaden zeigt die Notwendigkeit entsprechender Qualifizierungsangebote und gibt Anregungen für deren Umsetzung.

Betriebliche Bildung mit An- und Ungelernten
Arbeitsplatznahes Training und Computer Based Training

HELMUT SCHMIDT, THOMAS STARK
1. Auflage 1995, 254 Seiten

37,- DM, Best.-Nr. 60.01.239

Bildungsplanung im Betrieb
Strategien zur Ökonomisierung betrieblicher Weiterbildung in kleinen und mittleren Unternehmen

THOMAS REGLIN, ECKART SEVERING
1. Auflage 1995, 160 Seiten

26,- DM, Best.-Nr. 60.01.238

Arbeitsplatznahes Lernen in Betrieben der Metall- und Elektroindustrie
*La formation en situation de travail dans les entreprises de l'industrie métallurgique et électrotechnique
Ein Leitfaden für die Praxis*

CORNELIA STRIEDER
1. Auflage 1994, 196 Seiten

27,- DM, Best.-Nr. 60.01.237

Adresse der bfz Zentrale

Berufliche Fortbildungszentren der
Bayerischen Arbeitgeberverbände e.V.
Landshuter Allee 174
80637 München
Tel.: (0 89) 1 59 26-0
Fax: (0 89) 15 51 28

Informationen über die bfz Bildungsforschung

bfz Bildungsforschung
Obere Turnstraße 8
90429 Nürnberg
Tel.: (09 11) 2 79 58-0
Fax: (09 11) 2 79 58 60
E-Mail: bildungsforschung@bfn.bfz.de

bfz Bildungsforschung
Thierschstraße 4
80538 München
Tel.: (0 89) 21 13 71-0
Fax: (0 89) 21 13 71 22

Aktuelle Informationen zu allen laufenden und abgeschlossenen Projekten der bfz Bildungsforschung finden Sie im Internet unter http://bildungsforschung.bfz.de